Heimat- und Geschichtsverein Vacha e. V.
Beiträge zur Geschichte der Stadt Vacha 3/2022

Die Studenten der
STADT VACHA
im Mittelalter

MICHAEL IMHOF VERLAG

Abbildung der vorderen Umschlagseite: Wilhelm Dilich, Vacha 1591

„Die Studenten der Stadt Vacha im Mittelalter" © Olaf Ditzel
„Der Briefwechsel des Balthasar Fabricius Phacchus vornehmlich
mit Georg Witzel" © Gerhard Schmidt, Olaf Ditzel

Alle Rechte liegen bei den Autoren bzw. dem Heimat- und
Geschichtsverein Vacha e.V.
Nachdruck auch auszugsweise nur mit schriftlicher Genehmigung.

© 2022
Michael Imhof Verlag GmbH & Co. KG
Stettiner Straße 25
D-36100 Petersberg
Tel.: 0661/2919166-0; Fax: 0661/2919166-9
www.imhof-verlag.de, info@imhof-verlag.de

Reproduktion und Gestaltung
Carolin Zentgraf, Michael Imhof Verlag

Lektorat
Horst Gunkel

Druck
WIRmachenDRUCK GmbH, Backnang

Printed in EU

ISBN 978-3-7319-1275-0

Inhaltsverzeichnis

Vorwort   4

Olaf Ditzel
Die Studenten der Stadt Vacha im Mittelalter
Von den Anfängen bis zur Reformation   6

1. Der Weg zu den Universitäten   6
   1.1 Der Forschungsstand   6
   1.2 Stadt und Studenten   7
   1.3 Die Akzeptanz der verschiedenen Universitäten -
       Probleme der Zuordnung   10
   1.4 Die Schule in Vacha   18
2. Die Studenten in chronologischer Reihenfolge   20
3. Anhang   59
   3.1 Studierende Servitenmönche   59
   3.2 Gründungsjahre mitteleuropäischer Universitäten bis zur
       Reformation   59
4. Literatur und gedruckte Quellen   60

Gerhard Schmidt/Olaf Ditzel
Der Briefwechsel des Balthasar Fabricius vornehmlich mit Georg Witzel   68

1. Balthasar Fabricius und Georg Witzel   68
2. Briefwechsel   74
   2.1 Briefwechsel mit Hermann Trebelius   74
   2.2 Ein Brief von Ulrich von Hutten   77
   2.3 Die Briefe von Georg Witzel   79
3. Literatur und gedruckte Quellen   122

Ortsregister   124

Vorwort

Im Rahmen des 500-jährigen Reformationsjubiläums 2017 gestaltete der Heimat- und Geschichtsverein Vacha im Museum Burg Wendelstein eine gut besuchte Sonderausstellung mit dem Thema „Vacha und die Reformation".

Schon im Vorfeld dieses Großereignisses reifte der Gedanke, die Reihe „Beiträge zur Geschichte der Stadt Vacha" nach längerer Unterbrechung fortzusetzen. Enthielten die 2004 und 2006 erschienen Bände nur jeweils einen Aufsatz, so weicht der jetzt vorliegende mit zwei regionalen Untersuchungen davon ab. Der Erfassung der mittelalterlichen Studenten der Stadt folgt die Aufarbeitung des Briefwechsels des langjährigen Wittenberger Professors Balthasar Fabricius (ca. 1478–1541) vornehmlich mit seinem Schüler Georg Witzel (1501–1573).

Beide sind herausragende Vertreter der Vachaer Studentenschaft, wobei Witzel bisher entschieden mehr Aufmerksamkeit zuteil wurde. Sein Wirken bei der Einführung der Reformation in Vacha und Umgebung ist von besonderer Bedeutung. Später machte er als Widersacher Martin Luthers von sich reden. Der Heimat- und Geschichtsverein Vacha würdigte Witzel 2001 zu seinem 500. Geburtstag mit mehreren Vorträgen und setzte ihm am Reformationstag 2020 vor der Stadtkirche, der Johanneskirche, ein Denkmal.

Unter den ersten Vachaer Studenten finden sich weitere bemerkenswerte Persönlichkeiten, welche heutigen Zeitgenossen oft völlig unbekannt sind. So der 1442 in Erfurt immatrikulierte Servit Johannes Trost (ca. 1420–ca. 1490), der sehr wahrscheinlich mit dem gleichnamigen von 1469 bis 1494 auftretenden Provinzial des Ordens identisch ist. Den Servitenmönchen gehörte auch Hermann König/Künig (ca. 1460–ca. 1500) an, dessen 1495 erschienener deutscher Pilgerführers nach Santiago de Compostela als Baedeker für St. Jakobspilger bezeichnet wird.

Nach langjähriger Recherche verwirklichte Olaf Ditzel sein Vorhaben, möglichst alle Vachaer Studenten ab dem 14. Jahrhundert bis zur Frühen Neuzeit ausfindig zu machen und sie dem historisch interessierten Leser vorzustellen. Als zeitlicher Abschluss wurde das Jahr 1521 gewählt.

Lassen sich in den Dekaden zuvor an den stark frequentierten Universitäten Erfurt und Wittenberg noch zahlreiche Immatrikulierte von der mittleren Werra nachweisen, so verebbte jetzt der Zustrom insbesondere aus Vacha völlig. Dies ist mit den Umbrüchen im beginnenden Reformationszeitalter zu erklären, an denen Georg Witzel in der Region erheblichen Anteil hatte. Erst 1534 ist mit dessen Neffen Johannes Witzel in Erfurt wieder ein hiesiger Bürgersohn als Student sicher greifbar.

Durch diese Forschungen angeregt widmete sich Gerhard Schmidt dem lateinischen Briefwechsel der beiden Hauptprotagonisten - Georg Witzel und Balthasar Fabricius. Während wir über Witzels ältere Briefe durch sein 1537 gedrucktes Epistolarum gut informiert sind, ist von Fabricius leider nur ein einziger im Druck erhalten.

Gerhard Schmidt hat die überlieferten Briefe an und von Fabricius ins Deutsche übertragen, wobei er auch einige interessante Begebenheiten aus dem städtischen Leben Vachas aufdeckte. Olaf Ditzel erhellte dazu die biographischen Hintergründe.

Hiermit wird natürlich nur ein verschwindend kleiner Teil von Witzels beeindruckender Briefsammlung präsentiert, welche bis heute einer Neuauflage harrt. Eines der letzten großen Desiderate solch bedeutender Korrespondenz aus der frühen Reformationszeit.

Olaf Ditzel und Gerhard Schmidt
im Herbst 2022

Olaf Ditzel

Die Studenten der Stadt Vacha im Mittelalter

Von den Anfängen bis zur Reformation

1. Der Weg zu den Universitäten

1.1 Der Forschungsstand

Mit dem Aufblühen der mitteleuropäischen Universitätslandschaft am Ende des 14. Jahrhunderts finden sich erstmals Studenten aus der damals fuldischen Stadt Vacha. Beginnend mit Prag und Wien sind später besonders in Erfurt Immatrikulationen festzustellen. Erfurts Vormachtstellung als „Landesuniversität" für die Reichsabtei Fulda und die Landgrafschaft Hessen[1] wurde mit Gründung der Universität in Mainz (1476) eingeschränkt und ging mit dem Reformationszeitalter endgültig zu Ende.

Die Besucherverzeichnisse der älteren Hohen Schulen sind meist schon im 19. Jahrhundert im Druck erschienen. An Zusammenstellungen der darin enthaltenen frühen Vachaer Studenten hat es bisher nicht gefehlt. Den Anfang macht Albert Görk mit einer namentlichen Auflistung der in Erfurt und Kassel bis 1604 bzw. 1652 Immatrikulierten[2]. Hans Goller vermerkt in seinem Manuskript des Vachaer Bürgerbuches auch die Studenten bis 1700 und bringt alle verfügbaren Daten[3]. Waldemar Küther überprüft die wichtigsten Universitäten nach studierenden Servitenmönchen bis 1527[4]. Josef Leinweber bietet eine zahlenmäßige Übersicht der aus dem Hochstift Fulda stammenden Studenten von 1400 bis 1530[5]. Der Vollständigkeit halber sei noch Johannes Merz erwähnt, der unseren Bearbeitungszeitraum nur streift. Er erfasst die Studierenden des Fuldaer Landes ab 1517[6].

Vergleicht man die Ergebnisse, so tun sich große Lücken auf. Keiner der Genannten kann beispielsweise anhand von Hermann Weissenborns Matrikeledition[7] in Erfurt (bis 1521) auch nur all jene Vachaer ermitteln, die mit *de/ex V/Fach[e]* klar zu erkennen sind, nämlich 41! Görk nennt 37 und Goller 38, numerisch bringt Küther 34[8], Leinwebers Gesamtzahl 52 lässt sich nur schwer differenzieren[9].

Sind schon die Matrikel nur ungenügend ausgewertet worden, so schenkt man Graduierten noch weniger Aufmerksamkeit. Weder Julius Köstlins Zusammenstellung der Wittenberger Bakkalare und Magister bis 1537[10], noch Erich Kleineidams Erfurter Magisterlisten[11] fanden bisher Beachtung. Mit der im Jahr 1995 von Rainer C. Schwinges und Klaus Wriedt erfolgten Veröffentlichung des mittelalterlichen Bakkalarenregisters der Artistenfakultät Erfurt[12] kam eine weitere wichtige Quelle für unseren Raum hinzu. Hinweise auf Studenten sind vereinzelt auch aus landesherrlichen, kirchlichen oder privaten Quellen zu ziehen. Sehr wertvoll ist beispielsweise eine familiengeschichtliche Abhandlung Georg Witzels von 1557 (St.Nr. 85), worin er seine Mitschüler in Erfurt nennt.

1.2 Stadt und Studenten

Wie viele Schüler eines Kleinraumes den Weg an die Universitäten fanden, hing von den örtlichen Voraussetzungen ab.

Die urbane Entwicklung im Gebiet der Reichsabtei begann spätestens im 11. Jahrhundert mit Fulda selbst. Es folgt Vacha, wo die städtischen Anfänge bis in die Mitte des 12. Jahrhunderts zurückreichen[13]. Vacha war seit dieser Zeit auch Etappenort am Werraübergang der von Frankfurt nach Leipzig führenden Fernstraße. Bei einer Fürstenversammlung wird es bereits 1186 als fuldische Stadt mit einer Brücke genannt. Brückenau, Hammelburg, Hünfeld und Geisa folgen im 13. und 14. Jahrhundert[14].

Neben Fulda kam Vacha und Hammelburg eine besondere Bedeutung zu. Schaut man sich eine Karte der Reichsabtei an[15], wirken sie wie Antipoden, die das Fuldaer Land im äußersten Norden bzw. Süden sichern. Bis ins 15. Jahrhundert hinein standen beide Städte gleichbedeutend nebeneinander, wie Hermann Kratz veranschaulicht[16].

In Folge der schwierigen wirtschaftlichen Lage des Stiftes wurde aber gerade Vacha oft verpfändet[17]. Schließlich gelangten 1406 mit Übernahme der buchenauischen Pfandschaft zwei Drittel der Stadt an die Landgrafschaft Hessen[18]. Während Hammelburg seine Position über das Spätmittelalter hinaus behaupten und

ausbauen konnte, verlor Vacha seit der ersten Hälfte des 15. Jahrhunderts für Fulda kontinuierlich an Bedeutung, bis es 1648 ganz an Hessen und 1816 schließlich an Sachsen-Weimar fiel.

Seit dem 13. Jahrhunderts war Vacha Amtssitz. Das Wirtschaftsleben auf Zunftbasis zeigte sich im 14. Jahrhundert voll ausgebildet. Die Pfarrkirche St. Vitus (Veit) hatte seit der ersten Hälfte des 12. Jahrhundert den Rang einer Sedeskirche[19]. Versuche, sie in ein Kollegiatstift umzuwandeln scheiterten 1282 und 1365[20]. 1368 siedelte sich ein Servitenkonvent an[21]. Insgesamt gab es innerhalb der Stadt bzw. direkt vor ihren Mauern elf Vikarien[22].

Der Prozess der Stadtwerdung war um 1300 abgeschlossen. Es hatte sich eine Gewerbestadt entwickelt, bei der Handel und Handwerk im Vordergrund standen. Das Bürgertum verfügte über eine beachtliche wirtschaftliche Stärke[23]. Wohlhabend waren vor allem Gewandschneider (Tuchkaufleute) und Wollweber aber auch viele Schuhmacher, Fleischer und Gerber.

Welche Motivation führte nun Bürgersöhne überhaupt zum nicht gerade billigen Universitätsaufenthalt? Die meist noch sehr jungen Studienanfänger erstrebten dies schwerlich aus eigenem Antrieb, zumal dem oft ein mehrjähriger Aufenthalt an vorbereitenden Schulen vorausging. Georg Witzel (St.Nr. 85) besuchte drei auswärtige Schulen, ehe er sich 1516 mit knapp 16 Jahren in Erfurt einschreiben ließ[24]. Erst den Besuch Wittenbergs 1520 unternahm er eigenständig. Die Einflussnahme des Vaters auf den Werdegang des Sohnes wird deutlich, als dieser ihn aus Wittenberg zurückholt und 1521 zur Priesterweihe drängt[25].

Die Masse der Universitätsbesucher begnügte sich mit dem artistischen Grundstudium. Hier konnte man das Bakkalaureat absolvieren und anschließend den Magister erwerben. Nach ca. vier Jahren standen nun die höheren Fakultäten offen. Nur wenige hiesige Bürgersöhne gingen diesen Weg. Einige zog es zum theologischen, andere zum juristischem Studium. Für die Medizin liegt bisher kein Beleg vor.

Das geistliche Amt als Berufsziel haben bis in die zweite Hälfte des 15. Jahrhunderts hinein die meisten der Vachaer Studenten angestrebt. Hierzu war – wie schon angedeutet – keineswegs ein langwieriges Theologiestudium notwendig. Viele der angehenden Priester brachten es noch nicht einmal bis zum artistischen Bakkalaureat.

Bis 1521 sind von 92 Immatrikulierten 31 schon beim Eintritt oder nach dem Verlassen der Universität als Kleriker auszumachen. Von 230 Fuldaern, die sich im gleichen Zeitraum in Erfurt eingeschrieben hatten, sind nur sechs sicher als solche nachweisbar – bzw. drei weitere sehr wahrscheinlich[26]! Von den 61 aus Vacha er-

scheinen dagegen 22 als Geistliche, davon allein neun Serviten[27]! Auch die vier Studenten in Heidelberg gehörten dem Klerus an. Das Pfarramt selbst war „Sprungbrett". Mit Berthold Cantrifusoris und Georg König (St.Nr. 22, 62) vervollkommneten mindestens zwei Inhaber desselben ihr akademisches Wissen durch die Aufnahme eines weiterführenden Studiums. Auch zwei Söhne der Vachaer Beamtenfamilie Murhard, Konrad und Johannes (St.Nr. 20, 21), schlugen nach ihrem Studium (ab 1427 in Erfurt) die Klerikerlaufbahn ein.

Die Institution Kirche bot in Vacha mit ihren zahlreichen Vikarien, den Hospitälern und der Pfarrschule für viele Universitätsabsolventen eine berufliche Perspektive. Einige traten auch dem Servitenkonvent bei. Ab der zweiten Hälfte des 15. Jahrhunderts nahmen dann die weltlichen Funktionen zu – wie: Amtmann, Rentmeister, Schultheiß, Schöffe, Weinmeister, Stadtschreiber oder Notar.

Dieses Erscheinungsbild mag durch die Überlieferung bedingt sein. Jedenfalls kann man keinen Studenten in einem Handels- oder Handwerksberuf nachweisen. Jene, die später als Bürger genannt werden, kommen hierfür in Frage. Ein Sohn der angesehenen Familie Witzel, Johannes (St.Nr. 29), studierte 1442 in Erfurt. Er trat in Vacha öfter neben seinem Vater bei Transaktionen auf[28]. Hier wäre am ehesten die Vorbereitung auf eine Kaufmannstätigkeit zu vermuten. Die Erfordernisse des Buchführungswesens machten es seit dem 13./14. Jahrhunderts unumgänglich, sich Grundkenntnisse im Lesen, Schreiben und Rechnen anzueignen.

Das Studium war im wesentlichen selbst zu finanzieren. Diesbezügliche Stiftungen können bei Vacha für das Mittelalter nicht nachgewiesen werden. Die Hohe Schule zu Erfurt wurde – allein schon wegen ihrer Nähe – sehr geschätzt. Sie war aber eine der ausgesprochen teuren Universitäten des Reiches! Dementsprechend zogen viele mittellose Studenten aus Franken und Hessen am nahen Erfurt vorbei in das weiter entferntere – aber entschieden billigere Leipzig[29]. Nicht so bei Vacha – wo fast alle nach Erfurt strebten (Tabelle I). Hier stellten die Söhne der finanzstarken Ober- und Mittelschicht die Mehrheit der Studenten. Neben den Murhards (5) sind Namen aus ratsfähigen Geschlechtern häufig: Schmidt/Fabri (4), Witzel (3), Wenck (3), Frank (3) oder König (2).

Die Rechnungsführung der Stipendiatenkasse lässt sich in Vacha erst 1618 belegen[30]. Von einem indirekten Stipendium erfahren wir 1551. Der aus Vacha stammende Jacob Frank (St.Nr. 92) bittet als Fuldaer Bürger den dortigen Abt, seinen Sohn Sebastian die Marienvikarie in Vacha zu verleihen, damit dieser sein Studium fortsetzen könne.

1.3 Die Akzeptanz der verschiedenen Universitäten – Probleme der Zuordnung

Wie schon bemerkt, nahm die 1392 gegründete Universität Erfurt nicht nur für Thüringen, sondern auch für Hessen den Rang einer Landesuniversität ein. Fränkische Studenten waren ebenfalls zahlreich vertreten[31]. Das räumlich in der Mitte liegende Stift Fulda entsandte nach der Untersuchung von Leinweber[32] zwischen 1400 und 1530 von 752 Studenten 459 (also ca. 60%) allein nach Erfurt. An zweiter Stelle stand die Universität Leipzig (1409 gegründet) mit 161, dann folgte schon die erst 1502 entstandene Wittenberger Alma Mater mit 54 Immatrikulationen[33].

Von den jetzt erfassten 92 Vachaer Studenten kommen analog über 60% in Erfurt vor[34]. Im krassen Gegensatz dazu die minimale Akzeptanz für Leipzig mit nur drei Ersteinschreibungen[35]! Dies überrascht – wie schon umrissen, weil die dortige Hohe Schule den kostengünstigeren Universitäten zugerechnet wird[36]. An zweiter Stelle dann bereits Wittenberg mit neun Inskriptionen. Die anderen alten Universitäten stehen ebenso wie Leipzig völlig im Hintergrund. In Heidelberg (1386 gegründet) sind vier Studenten, in Prag (1348) drei, in Wien (1365) drei und in Köln (1388) einer zu finden. Bei Prag ist zu beachten, dass für die Artistenfakultät fast nur Graduierte überliefert sind, was auf die etwa dreifache Zahl an Immatrikulierten schließen lässt[37].

Vor Gründung der Erfurter Universität übte Prag offensichtlich eine große Anziehungskraft auf Studenten unseres Raumes aus. Mit *Joannes von Fache* ist 1382 hier der erste studierende Bürgersohn greifbar. Familiennamen die eine bessere Absicherung der Herkunft ermöglichen würden, kommen leider auch bei den anderen Pragern nicht vor. Ebenso verhält es sich mit zwei Studenten *de Wach* 1383 in Wien. Zu Beginn des hussitischen Aufstandes kam es 1409 zur Abwanderung der deutschen Magister und Scholaren aus Prag. Auch jene aus dem Fuldaer Land zogen nun verstärkt nach Erfurt oder an die neu gegründete Hohe Schule in Leipzig.

Mehr als nur die bloße Matrikeleintragung ist über den im Erfurter Eröffnungsjahr 1392 verzeichneten Heinrich Bingel (St.Nr. 6) bekannt. Schon 1390 mit seinem Vater erwähnt, lässt sich sein Lebenslauf bis zum Todesjahr 1419 verfolgen. Erst über Johannes Trost und Johannes Witzel 1442 (St.Nr. 28, 29) ist wieder ähnlich viel überliefert.

Bei den Ersteinschreibungen von Vachaer Studenten (Tabelle I) sind noch die verlorenen Matrikel der Universitäten Würzburg, nur von etwa 1402–1413 existie-

Tabelle I. Ersteinschreibungen von Vachaer Studenten

	Prag	Heidelberg	Erfurt	Leipzig	Wittenberg	Andere	
1381-1390	3					2	5
1391-1400		1	2				3
1401-1410			1(2)[38]				1(2)
1411-1420		1	6				7
1421-1430		1	4(1)			2	7(1)
1431-1440			3			(1)	3(1)
1441-1450			5(2)	1			6(2)
1451-1460			9(3)			(1)	9(4)
1461-1470			6(3)				6(3)
1471-1480			9			1	10
1481-1490			5(2)			1	6(2)
1491-1500		1	4	1		2	8
1501-1510			(2)	1(1)	5	1	7(3)
1511-1520			7		5	2	14
	3	4	61(15)	3(1)	10	11(2)	92(18)

rend[39], und Mainz, 1476 entstanden, zu berücksichtigen. Die nahen Gründungen zogen ohne Zweifel viele Studenten aus unserem Raum an. So ist es sicher kein Zufall, dass der deutlichste Frequenzeinbruch bei Vacha, sieht man von 1521 ab, nach 1476 festzustellen ist. Der Einschnitt wird besonders bei den Bakkalaren deutlich, deren Reihe bis 1487 unterbrochen ist (Tabelle II).

Schon mit dem Ausscheiden von Würzburg und Prag (um 1410) wurde Erfurt deutlich mehr besucht. Einen Zusammenhang zwischen dem Nachlassen der Besu-

cherzahl an der Universität Erfurt und der Mainzer Gründung kann in dieser Eindeutigkeit neben Vacha lediglich bei Creuzburg festgestellt werden[40]. Im Stift Fulda hatte nur Hünfeld an der Erfurter Hochschule ebenfalls weniger Besucher, was sich jedoch durch Abwanderungen an andere Universitäten – wie Leipzig – relativiert[41]. Auch die Städte im Osten der Landgrafschaft Hessen lassen kein vergleichbares Studienverhalten erkennen.

Im benachbarten wettinischen Salzungen kann man eine gegenläufige Entwicklung verfolgen. Bis zur Gründung der Universität Mainz bleibt Salzungen bei den Immatrikulationen hinter Vacha zurück. Zwischen 1477 und 1501 hat die damals deutlich kleinere Nachbarstadt[42] in Erfurt aber die dreifache Zahl an Studenten vorzuweisen (Tabelle II). Die hier offensichtlich fehlenden Vachaer können nach Lage der Dinge mehrheitlich nur in Mainz zu finden sein[43].

Johannes Merz hat für die Zeit von 1530 bis 1610 festgestellt, dass das Studienverhalten der Vachaer sich von dem anderer Stadtbewohner des Hochstiftes Fuldas unterscheidet. Eine Rolle mag die besondere Situation durch die Verpfändung von Stadt und Amt (zu zwei Dritteln) an Hessen spielen. Merz konstatiert eine „Antibewegung": – in der Frühzeit gegen die neue Lehre, dann gegen die kirchenorganisatorische Dominanz Hessens und schließlich gegen die nach 1603 wirkende Rekatholisierungspolitik Fuldas[44].

Ähnlich dürften ab 1476 die Vachaer das Hochschulstudium an ihrem Bischofssitz Mainz bevorzugt haben, gerade weil überdurchschnittlich viele einen klerikalen Lebensweg anstrebten. Der größte Teil des fuldischen Territoriums gehörte dagegen zum Bistum Würzburg. Die neue Universität war für Fuldaer, Hünfelder oder Geisaer somit wohl nur wegen ihrer geografischen Nähe attraktiv.

Für einen Aufenthalt in Mainz kommen bei Vacha in Frage: Nikolaus Witzel (St.Nr. 71), Balthasar Fabricius (St.Nr. 72), Georg Gellisich (St.Nr. 73), Georg König (St.Nr. 62) und der bereits ab 1479 in der Schweiz tätige Frühdrucker Heinrich Wirczburg[45].

In diesem Zusammenhang müssen die Auswirkungen des großen Vachaer Stadtbrandes von 1467 berücksichtigt werden, dem große Teile der ummauerte Kernstadt zum Opfer fielen. Man möchte meinen, dass in den folgenden Jahren alle Kräfte und Mittel für den Neuaufbau gebraucht wurden. Nach kurzer Stagnation ist zwischen 1472 und 1476 aber eine der höchsten Konzentrationen von Immatrikulierten und Graduierten, die fast alle in Erfurt weilten, für den gesamten Bearbeitungszeitraum zu konstatieren!

Im Laufe der vorliegenden Untersuchung stellte sich schnell die Frage: Welcher Student gehört nach Vacha, welcher nicht. Die Zuordnung ist oft eine Gratwanderung. Jene knapp unterhalb der Wahrscheinlichkeitsschwelle sollten aber nicht verloren gehen und sind deshalb in die „zweite Reihe" gerückt (z.B. St.Nr. 9a).

Die regional gebräuchliche Schreibweise des Ortsnamens *V[F]ach[e]* findet sich verändert zu: *B[Ph]ach, Fachsen, Nach, Phare, Varre, Wach*, weniger sicher zu: *Fech, Flach[t], Gach, Lach[en], Vak[e]*. Studenten ohne Herkunftsnamen oder sonstigen Hinweis (Diözese, Orden etc.) sind sehr schwer einzuordnen. Konrad Bitanz kommt 1414 (St.Nr. 13) wegen des sehr seltenen Namens in die engere Wahl. Es sind auch alle Fälle aufgenommen, wo *Vach* nicht sicher als Familienname oder Herkunftsort anzusprechen ist. Bis ins 16. Jahrhundert hinein war es beispielsweise üblich – aus einem *Balthasar Fabricius de Vach* einen *Balthasar Vach* bzw. *M.[Magister] Vach* (St.Nr. 72) zu machen.

Eine Möglichkeit Studenten ohne Herkunftsnamen aufzuspüren bieten so genannte Reisegesellschaften, die sich auf dem Weg zur Universität zusammenfanden und auch hintereinander einschrieben. Ein Musterbeispiel hierfür sind die Serviten Johannes Trost und Johannes Trutter, die 1442 mit Johannes Witzel (St.Nr. 27, 28, 29) in Erfurt erscheinen. Man hätte beide Mönche schon anhand der Ordenszugehörigkeit und der Familiennamen bei Vacha einordnen können. Aber erst der Mitstudent bringt absolute Gewissheit[46].

Auch Weggefährten aus Nachbarorten lassen Zweifel an einem eher unsicheren Kandidaten schwinden. So finden sich 1482 neben *Johannes de Fache* (St.Nr. 1) in Prag Mitstudenten aus Hersfeld und selbst aus dem Dorf Aula (Nieder- oder Oberaula)!

Ein besonderes Problem stellen in der Stadt residierende Adelsfamilien dar. So hatte Melchior von der Tann schon um 1500 Beziehungen nach Vacha. Vielleicht wohnte die Familie auch einige Jahre in der Stadt, ehe Melchior 1506 die Stelle des fuldischen Amtmannes auf dem Haselstein antrat. Er wurde 1508 hessischer Amtmann in Vacha und fungierte hier als solcher bis zu seinem Tode 1524[47]. Von seinen studierenden Söhnen war Eberhard (St.Nr. 79) der bedeutendste. Bereits 1508 ging dieser als dreizehnjähriger Knabe zur Ausbildung nach Würzburg. Beginnend 1512 mit Wittenberg, besuchte er mehrere Universitäten. Sein weiterer Weg führte ihn dabei über Erfurt, Bologna bis Freiburg. In die Matrikel wird er als *Eberhard von der Tann* eingeschrieben. Der ältere Bruder Martin (St.Nr. 80), fast zeitgleich in Wittenberg, gibt sich dagegen als *Martin de Dahn ex Vach* aus. Der erheblich jüngere Bru-

Tabelle II. Studenten an der Universität Erfurt am Wendepunkt 1476/1477[48]

	Vacha		Salzungen		Hünfeld		Creuzburg		Hammelburg		Amöneburg	
	Im.[49]	Ba.	Im.	Ba.	Im.	Ba.	Im.	Ba.	Im.	Ba.	Im.	Ba.
1442–1446	3(2)				3	1	2		2			
1447–1451	(2)		1		1	1		1	2	1	1	
1452–1456	7(2)	1	4					1	2	1	1	
1457–1461	2	3	5	4	2		2		2		2	
1462–1466	5(1)	1(1)	6		3		4	1	3	2	1	
1467–1471	1(2)	2(1)	3	2	4		3		3		1	
1472–1476	8	4(1)	5	1	4	1	2		3	1	4	
1477–1481	1(1)		7	7	1				3(2)	1(2)	(2)	1(2)
1482–1486	3		3		1				4(1)		2(1)	1
1487–1491	1(2)	1	8	2	4				1			1
1492–1496	1(3)	1	7	7			1	1				
1497–1501	1	2	5	4	2		1		3		1	

der Alexander (St.Nr. 89) erscheint 1518 in Ingolstadt bereits als *canonicus Herbipolensis* – benannt nach seinem letzten Aufenthaltsort Würzburg. Kann man bei ihm einen mehrjährigen Aufenthalt in Vacha voraus setzen, ist dies bei Eberhard ungewiss [50].

Die Editoren der verschiedenen Universitätsmatrikel stellen in ihren Ortsregistern den Herkunftsnamen *Vach* in der Regel zu *Vach, Bayern* und *Vacha, Thüringen*. Daneben ist aber noch *(Klein-)Vach* nördlich Eschwege, *Fach* bei Aalen und *Facha* als Ortsteil von Bergkirchen bei Dachau zu beachten.

Vacha ist an der Schwelle zur Neuzeit längst ein Zentrum bezüglich Verwaltung (Amt) und Kirche (Sedes). Die wirtschaftliche und verkehrspolitische Bedeutung reichte noch darüber hinaus [51]. Die Vach-Dörfer hatten dagegen zusammen nur etwa 300 Einwohner vorzuweisen. Ihre Größenordnung entspricht heutigen Weilern [52].

Zu beachten ist, dass erst mit vereinzelten Einsetzen der städtischen Rechnungen 1484 ein wirkliches Vergleichen möglich wird. Davor sind von den Bürgernamen bestenfalls ein Viertel bekannt. Auch später ist man vor Überraschungen nicht sicher. So erscheint der Familienname des 1498 in Leipzig eingeschriebenen Studenten Johannes Hunmoller nicht in der fast zeitgleichen Stadtrechnung von 1497, wohl aber in späteren Quellen.

Bei den Eintragungen *de Vach* ist kein Hinweis auf einen der oben genannten Orte zu finden. Jene haben bis 1521 sicher auch einige Studenten gestellt. Soweit übersehbar, ist z. B. das stattliche Vachdorf bei Meiningen nur mit Georg Schultheiß (1462/1464 in Erfurt) vertreten [53]. Auch aus den Dörfern des hiesigen Amtes: Oechsen, Sünna, Pferdsdorf und Unterbreizbach – sowie den Höfen: Räsa, Deicheroda, Mosa, Hüttenroda und Larau benannten sich wahrscheinlich einige nach Vacha. Sei es, weil der Amtssitz besser bekannt war oder weil sie hier die Schule besuchten. Letzteres träfe natürlich ebenso auf Vachaer zu, die anderswo zur Schule gingen. Im Normalfall wurde in die Matrikel der Geburtsort eingetragen. Studenten aus den Amtsdörfern sind nur schwer aufzuspüren. In Frage kämen: *Johannes Reße* (St.Nr. 20a), *frater Erhardus de Phersdorf* und *Johannes Hane de Moß* – alle in Erfurt (1427/1448/1467) [54].

Die wirkliche Zahl der mittelalterlichen Studenten *de Vach* lag dagegen viel höher. Schätzungsweise fänden sich ein gutes Dutzend in den verlorenen Matrikeln dessen nahen Mainz (nach 1476) [55], ebenso vielleicht drei in Würzburg (etwa 1402–1413), in Prag (bis 1409) zu den Graduierten etwa 15 weitere. Auch die vorhandene

Überlieferung der anderen Universitäten ist lückenhaft. Bis zur Mitte des 15. Jahrhunderts wurden in Erfurt der Herkunftsort oft weggelassen. Oder man schrieb den Studenten erst gar nicht ein. Georg Witzels (St.Nr. 85) Besuch in Wittenberg z. B. – wie auch der durch ihn bezeugte Johannes Roth in Erfurt (St.Nr. 86) sind nicht direkt nachzuweisen. Rechnet man dies bei den beiden vielbesuchten Universitäten hoch, so sind pro Jahrzehnt noch weitere zwei bis drei Studenten zu vermuten. Bei Erfurt (ab 1392) also ca. 30, bei Wittenberg (ab 1502) etwa fünf. Auch in Heidelberg (ab 1386) und Leipzig (ab 1409) lassen sich zusammen vielleicht zehn, noch einmal soviel an den restlichen Universitäten erschließen. Insgesamt dürften nach dieser vorsichtigen Schätzung zwischen 1380 und 1521 ca. 180 Studenten aus Vacha eine Universität aufgesucht haben. Jahr für Jahr zog also theoretisch mindestens ein Schüler zum Studium in die Fremde.

Die Annahme wird dadurch untermauert, dass viele in Vacha wirkende bzw. von hier stammende Geistliche oder Beamte nicht in den Matrikeln verzeichnet sind. Bestenfalls ein Viertel aller Vikare ist überhaupt namentlich bekannt. Ein Artistenstudium kann in der Regel bei ihnen vorausgesetzt werden. Mit einiger Wahrscheinlichkeit sind somit noch die Mehrzahl der folgenden Personen unter die Vachaer Studenten einzureihen:

1359 Mai 27	Johannes von Vache, Landschreiber zu Rothenburg/Tauber[56].
1367 Juni 9	Johannes von Vache, Prior der Augustiner zu Münnerstadt[57].
1382 Juli 9	Johannes Starklof, Pfarrer[58].
1397 Febr. 24	Konrad Mushard, Pfarrer in Buttlar[59].
1397 Aug. 19	Johann Breme, Pfarrer[60].
1412 Febr. 23	Johann Wurffil von Vach, Kleriker Mainzer Bistums, *kaiserlicher offinbar schriber* in Wertheim[61].
1419 Juli 5	Friedrich Bingel, Priester[62].
ab 1420	Heinrich von Vache, Propst im Kloster Neuenberg bei Fulda[63].
1426/1427	Nikolaus Bingel, Vikar[64].
1428 April 23	Hartung Deutscher, Priester[65].
1429 Sept. 26	Johannes Trutwin von Vacha, Landschreiber des Bischofs zu Würzburg[66].
1432 Sept. 29	Arnold von Vache, Propst im Kloster Neuenberg bei Fulda[67].
1436 Nov. 11	Heinrich Smit, Vikar[68].
1446 Dez. 30	Heinrich Faber (Fabri) von Vacha, Mainzer Kleriker und kaiserlicher Notar[69].

1445 Febr. 28	Konrad Steinmetz, Pfarrer[70].
1453 Dez. 10	Johannes Kleinspyn, Pfarrer[71].
1451 Aug. 24	Johann Lose, Prior im Kloster Vacha[72].
1461 Okt. 24	Heinrich Windolt de Vach, Dekan an der Marienkirche zu Worms[73].
1471 Mai 12	Konrad Herr, Pfarrer zu Berka u. Vikar[74].
1487 Okt. 5	Hermann Herr, Vikar der Hospitalskapelle[75].
vor 1491 Okt. 4	Heinrich Regis (König), Vikar[76].
1506	Walter und Andreas Wyß, Vikare[77].
ab ca. 1520	Georg Ruppel, Pfarrer[78].
1527	Friedrich Franck, Vikar[79].

Andere weisen einen akademischen Titel auf, sind aber nicht sicher als Söhne der Stadt einzuordnen. Schon 1320 wird ein Magister *ac dominus hospitalis* genannt, der wohl mit dem 1325 auftretenden Magister Berthold Waldmann, Provisor des Hospitals, identisch ist[80]. Der ab 1354 bezeugte Pfarrer Albrecht Moler tritt später (vor 1358) als Magister auf[81]. Johann Huber, Bakkalar der freien Künste, war 1428 als neuer Pfarrer vorgesehen[82]. Ab 1440 erscheint im Pfarramt Johann Hering. Er wird 1452 als Doktor der Heiligen Schrift angesprochen[83]. Von Heinrich Zierenberg, Prior des hiesigen Klosters, hören wir 1468 in einer Urkunde. Er führt den Titel eines Magister der freien Kunst und ist später Provinzial[84]. Der Servitenmönch Nikolaus Schleid begegnet 1485 als Bakkalar der Heiligen Schrift[85]. Der Magister Johann Sloß wird 1504 Vikar am Hospital[86].

Von den aufgelisteten 92 Studenten (1382–1521) legten 32 ihr Bakkalarsexamen nach dem artistischen Grundstudium ab. Bis zum Magister brachten es fünf. Von den 18 Studenten der „zweiten Reihe" (St.Nr. 9a bis St.Nr. 76a) erreichten fünf den geringsten Grad.

Die weiterführenden Fakultäten treten dagegen völlig in den Hintergrund. Das theologische- und das juristische Studium verzeichnen noch einen gewissen Zuspruch. Bei den Theologen kann Vacha mit Johannes Trost (St.Nr. 28) einen Doktor vorweisen. Eine juristische Bildung erwarben Berthold Cantrifusoris von Sobernheim, Georg König (Bakkalar) und Eberhard von der Tann (St.Nr. 22, 62, 79). Für die vierte Studienrichtung, die der Medizin, hat sich bisher kein Nachweis gefunden.

1.4 Die Schule in Vacha

Der erste Schritt zur Universität war damals wie heute die örtliche Schulausbildung. Die älteste Vachaer Schule hatte nicht die Stadt, sondern die Pfarrei ins Leben gerufen. Es handelte sich wahrscheinlich um eine „Lateinschule". So sind für das mittelalterliche Hessen keine „Deutschen" Schulen überliefert, in denen Schüler nur Deutsch schreiben und lesen lernten[87].

Die enge Verbindung zwischen Kirche und Schule wird schon in den ersten Belegen 1358 und 1371 deutlich, wo Pfarrer und Schulmeister gemeinsam auftreten[88]. Bis zur Reformation sind folgende Lehrer bekannt:

1358 Januar 6	Johannes[89].
1371 Dezember 9	Hermann[90].
1472 April 20	Konrad Textor[91].
1484	Johannes Franck[92].
1497	Martin Gopel[93].
1500 Dezember 17	Johannes Srangtre[94].
1517 März 14	Caspar Kent und Johann Hapffen[95].
1519	Georg Witzel[96].
1527	Gangolf (Klotzbach?)[97].

Anlässlich der 1365 geplanten Verlegung des Stiftes (Groß-) Burschla nach Vacha, dem die hiesige Pfarrei inkorporiert werden sollte, rückt bereits kommunaler Einfluss auf die Pfarrschule ins Licht. Der Stadt wurde durch Abt Heinrich von Kranlucken zu Fulda im Einvernehmen mit dem Stift zugesichert, die Schule zu bestellen – ..., *daz unser burgere und stad zcu Vache die schuel kirchemeistere und kirchener lihen kisen setzen und entsetzen als daz herkomen ist mit rate und wiszen doch des ... techands des vorgeruerten stifftes. Dieselben schulmeister kirchemeister und kirchener sullen ouch zcu kore zcu der kirchen und in allewis tuen und ez halden glicherwis als daz vor in gewonheit her ist komen*[98]. Hierbei handelt es sich demnach um alte Rechte gegenüber der Kirche[99]. Letztendlich scheiterte die Übersiedlung des Stiftes Burschla[100]. Bei einer neu ausgerichteten Schule wäre wohl ein qualitativ besserer Unterricht geboten worden. Eine Stadt wie Fritzlar hatte z. B. mit ihrer rege besuchten Stiftsschule bis zur Reformation mehr als doppelt soviel Studierende aufzuweisen, weil sich offensichtlich zahlreiche auswärtige Schüler nach ihr benannten[101].

Die Vachaer Schulbildung wurde nicht immer als genügend für ein Hochschulstudium angesehen. In Mainz findet man den Schüler *Guntherus Currificis de Wach* vor 1427 Juli 27[102]. Der Wittenberger Professor Balthasar Fabricius (St.Nr. 72) könnte seine Freundschaft mit Ulrich von Hutten an der Fuldaer Stiftsschule um 1499 begründet haben. Georg Witzel (St.Nr. 85) besuchte vor seiner Erfurter Immatrikulation noch Schulen in Schmalkalden, Eisenach und Halle. Im 16. Jahrhundert scheint sich die Qualität des Unterrichts gebessert zu haben. So ist der Schmalkalder Bürgersohn Christoph Formicarius vor seinem Studium in Straßburg (bis 1571) an der Schule in Vacha zu finden[103].

Diese reine Knabenschule hatte ihren Platz in der Nähe der Kirche. Beim großen Stadtbrand von 1467 wird sie zerstört[104]. Die Kirchenmeister Heinrich Emer und Martin Lauphart beaufsichtigen 1484 den anstehenden Neubau, wozu auch die Stadt Unterstützung gewährt – *ine wider geben zcu buwen der schule*[105]. Die Nutzung währte nur wenige Jahrzehnte. Jedenfalls wird mit der Säkularisierung des Servitenklosters 1527 ein Wirtschaftsgebäude desselben abgebrochen und in der Nähe der Pfarrei als Schulhaus wieder aufgebaut[106]. Mit dem heute noch als Wohnhaus dienenden Gebäude – direkt gegenüber dem Kirchturm – ist es aber nicht identisch[107]. Nach der Reformation wurde im Untertor auch eine separate Mädchenschule eingerichtet, wo mit Gregor Großkopf 1614 der erste Schulmeister bezeugt ist[108].

Alte Knabenschule in Vacha

2. Die Studenten in chronologischer Reihenfolge

I. a) Erstimmatrikulation
   b) Weitere Universitätsaufenthalte/erworbene Grade[109]
   c) Mitstudenten aus Vacha und der Region
II. a) Sonstiger Nachweis des Studenten
   b) Nachweis der Familie in Vacha und der Region

1   Johannes de Fache

I. b)   1382 *Joan.[nes] de Fache* Bakkalar in Prag[110].
  c)   Nachfolgend *Henr. Marburg, Joan. de Aula* (Nieder-/Oberaula?) und *Hermannus de Hersueldia* (Hersfeld).

2   Petrus de Wach

I. a)   1383 Nov. 9 *Petrus de Wach* in Wien[111].
  c)   Neben Georgius de Wach (vgl. St.Nr. 3).

3   Georg de Wach

I. a)   1383 Nov. 9 *Georgius de Wach* in Wien[112].
  c)   Neben Petrus de Wach (vgl. St.Nr. 2).

4   Ditmar de Wach

I. b)   1385 *Ditmarus Wach* Bakkalar in Prag[113].
      1387 *Ditmarus de Wach* Magister in Prag[114].
  c)   1385 sind noch genannt. *Joan. Ysenach, Albertus de Hersueldia* und *Henr. de Smackaldia*. 1387 nachfolgend wieder Albertus Hersfeldia.

5   Johannes de Vach

I. b)   1390 *Joannes de Vach* Bakkalar in Prag[115].
  c)   Neben *Ludovicus de Berka* (Werra?) und *Fridericus de Melerstad* (Mellrichstadt). Dort auch *Mag. Conradus Kekelouen de Geis* (Geisa?) in Prag[116].

6   Heinrich Bingel

I. a)   1392 S (Sommersemester) *Heinricus Byngel de Vache [Vach]* in Erfurt[117].
II. a/b) 1374 Juni 6 Bürger Heinz Bingel erwirbt ein Gut zu Niederalba[118]. 1390 Jan. 29 *Henriche Bingel, burger czü Vache, Henrico syme Sone*[119]. 1392 Mai 29 Zeuge *Heinrich Binge* in einer Urkunde des Kloster Allendorf bei Salzungen[120]. 1393 Aug. 27 Nonne *Juttin Bingeln* im Kloster Frauensee[121]. 1404 Dez. 9 Priester

Heinrich B. und sein gleichnamiger Vater sind Gläubiger der Herren von Völkershausen. Die beiden Bingel haben von der Adelsfamilie seit 1378 Febr. 22/ 1378 Aug. 7 Pfandbesitz in (Unter-)breizbach und Pferdsdorf[122]. Zusammen mit seinem Bruder Fritz wird der Priester Heinrich B. 1405 Nov. 3 mit dem Gut zu Niederalba belehnt[123]. 1411 Juli 4 vermacht der Priester Heinrich B. seine Güter zu Unterbreizbach und Pferdsdorf dem Kloster Neuenberg bei Fulda. 1411 September 29 der Priester Heinrich B. kauft ein Gut zu Heringen, Lehnsherr Propstei Allendorf. 1416 Juni 24 Heinrich B. schenkt sein Gut zu Niederalba dem Kloster Neuenberg. Heinrich B. war vor dem 5. Juli 1419 verstorben[124]. Ein Nikolaus B. ist 1426 Dez. 3/1427 April 10 Vikar des Vachaer Katharinenaltars[125]. Der Priester Friedrich B. verzichtet 1428 Mai 27 auf seine Rechte an dem Gut zu *Digkes - in dem Feldt zu Heringen*[126].

7   Heinrich Bitanz/Vitanz

I. a)   1398 S *Henricus Vyt[d]ancz de V[B]achche* in Erfurt[127].

II. a)   *Heinrich Vitantz* erhält 1403 Dez. 3 die Pfarrkirche zu Dermbach[128]. Wahrscheinlich ist er auch in *Henrici Fitantz* wiederzuerkennen, welcher bis 1420 Juni 20 die Kirche von Gedorne (Mainzer Diözese) innehatt[129].

b)   1391 Januar 5 *Conrad Bitancze, burger zue Vache, Katherinen syner elichen wirtin*[130]. 1414 der Student Conrad Bitanz (St.Nr. 13). 1447 Mai 7 *Johann Vitant von Vache, Ordens sente Johans, zu Greffenauwe* (Grebenau)[131].

8   Hermann Carnificis

I. a)   1400 W (Wintersemester) *Hammannus Carnificis de Vach cler. Magunt. dyoc.* in Heidelberg[132].

c)   Im gleichen Rektorat *Symon Heczigyn de Folda* und *Heinricus Vach de Smalkaldia*.

9   Konrad Trost

I .a)   1403 S *Conradus Trost [Troft] frater ordinis servorumsancte Marie* (Serviten) *pauper* in Erfurt[133].

c)   Kurz darauf *Johannes Steynham de Geysa* (Geisa).

II. a)   1429 Pfarrer Konrad Trost von Vacha in Germersheim, wo auch ein Servitenkloster bestand[134].

b)   Heinrich Trost 1422 in Heidelberg (St.Nr. 17). Der Servit Johannes Trost 1442 in Erfurt (St.Nr. 28).

9a   Johannes Salzungen?

I. a)   1408 W *Iohannes Salczungen* in Erfurt[135].

II. b)   Servit in Vacha von 1447 Mai 9 bis 1461 Mai 31[136]?

9b	Johannes Murhard?
I. a)	1410 S *Iohannes Mushart* in Erfurt[137].

10	Johannes Vach
I. a)	Bis 1411 möglicherweise in Prag[138] oder in Würzburg.
b)	1411 F Johannes Vach Bakkalar in Erfurt[139].

11	Heinrich Spangenberg
I. a)	1414 S *Henricus Spangenberg de Bach* in Erfurt[140].
c)	Neben Johannes Hufener de Bach/Vach (St.Nr. 12) und Johannes Nusquam de Volda (Fulda).
II. b)	Namensgleicher Student 1460 (St.Nr. 40). Bürger Kurt Spangenberg 1484[141]. Auch in Pferdsdorf 1430 Febr. 22 ein *Cort Spangenbergk*[142].

12	Johannes Hufener/Havener
I. a)	1414 S *Johannes Hufener de Bach* in Erfurt[143].
b)	1418 W. *Johannes Havener de Vach* Nachzahler in Erfurt[144]. 1419 F vielleicht identisch mit *Johannes Vach* Bakkalar in Erfurt (vgl. St.Nr. 14, 15)[145].
c)	1414 zwischen Heinrich Spangenberg de Bach (St.Nr. 11) und Johannes Nusquam de Volda.

13	Konrad Bitanz
I. a)	1414 S *Conradus V[B]itanc[t]z* in Erfurt[146].
c)	Im gleichen Rektorat wie die Vorgänger (St.Nr. 11, 12).
II. a/b)	1391 Jan. 5 *Conrad Bitancze, burger zue Vache, Katherinen syner elichen wirtin*[147]. 1398 Heinrich Bitanz/Vitanz (St.Nr. 7)[148].

14	Johannes Gepen
I. a)	1418 S *Johannes Gepen de Vache familiaris rectoris gratis* in Erfurt[149].
b)	Vielleicht schon 1419 F Bakkalar (vgl. St.Nr. 12).
c)	Im gleichen Rektorat wie Johannes Großhaupt (St.Nr. 15). Kurz darauf Johannes Bern aus Eisenach.
II. b)	1355 Aug. 3 *Dythmar Geppe*[150]. 1397 Aug. 19 Heinz und Femel *Gebse*[151].

15	Johannes Großhaupt
I. a)	1418 S *Johannes Houbt Grus [Grushoubt] de Vach* in Erfurt[152].
b)	Vielleicht schon 1419 F Bakkalar (vgl. St.Nr. 12).
c)	Im gleichen Rektorat wie Johannes Gepen (St.Nr. 14).
II. b)	1427 Juni 13 Heinrich *Großhoubtes*, Landbesitzer bei Vacha[153].

16 Nikolaus Wyndolt/Windolt

I. a) 1420 *Nycolaus Wyndolt de Wach cler. Magunt. dyoc. Propinaui sibi ad instanciam magistri Henrici de Hoenberg* in Heidelberg[154].

b) 1423 *b.[accalarius] art.[ium] - von Vach*[155].

II. a) 1441 Sept. 29 Notar *Nikolaus Windoldi de Vache*[156].

b) 1407 Febr. 1 tritt ein *Johann Wyndold* als Vormund der Stadt Eisenach auf, als diese eine Tonne Heringe dem Kloster Frauensee verschreibt[157]. 1456 im Amtsdorf Sünna ein *Lotze Windel*[158]. 1461 *Heinrich Windoldi de Vach* in Worms[159]. 1484 Bürger(?) *Hans Wyndelt*[160].

17 Heinrich Trost

I. a) 1422 S *Hinricus Trost de Vach clericus coniugatus Magunt. dioc.* in Heidelberg[161].

II. b) 1403 Konrad Trost (St.Nr. 9) in Erfurt. 1442 Johannes Trost in Erfurt immatrikuliert (St.Nr. 28). 1484 der Bürger *Hans Drost*[162].

18 Berthold Vach

I. b) 1424 H (Herbstsemester) *Bertoldus Vach* Bakkalar in Erfurt[163].

19 Konrad Vach

I. a) 1425 S *Conradus Vach* in Erfurt[164].

c) Nachfolgend Johannes Volda und Johannes Echardi de Volda (Fulda)[165].

20 Konrad Murhard

I. a) 1427 W *Conradus Morhart* in Erfurt[166].
1431 S *Conradus Morhard* als Nachzahler in Erfurt[167].
1431 H *Conradus Morad de Vach* Bakkalar in Erfurt[168].

c) 1427 zwischen Johannes Reße (St.Nr. 20a) und seinem Bruder Johannes (St.Nr. 21).

II. a) Seit 1433 Mai 22 Vikar des Altars *S. Mariae* in der Pfarrkirche zu Hersfeld; lebte noch 1457 Mai 4[169].

b) Die bedeutende Vachaer Familie lässt sich mit Heinrich *Mußhard* 1343 erstmals fassen[170]. Der Vater von Konrad und Johannes ist der von 1419 bis 1449 vor Mai 1 in Vacha amtierende Rentmeister Bertholdt M.[171]. Studenten: 1410 Johannes M. (St.Nr. 9b), 1427 Johannes M. (St.Nr. 21), 1456 Heinrich M. (St.Nr. 39), 1470 Berthold M. (St.Nr. 47) und 1517 Heinrich M. (St.Nr. 87).

20a Johannes Reße?

I. a) 1427 *Johannes Reße* in Erfurt[172].

c) Vor Konrad und Johannes Murhard (St.Nr. 20, 21).

| II. b) | 1390 Jan. 29 ein Heinrich von *Rese* in Räsa[173], 1430 Febr. 22 und 1440 Jan. 30 Konrad von *Rese*[174].

21   Johannes Murhard

| I. a) | 1427 W *Johannes Morhart* in Erfurt[175].
| b) | 1440 Februar 11 Mitglied der Universität Erfurt[176].
| c) | 1427 nach Johannes Reße (St.Nr. 20a) und Bruder Konrad (St.Nr. 20).
| II. a) | 1429 Juni 8 Vikar des Altars *St. Vitict et Anthonii* in der Pfarrkirche zu Hersfeld, 1431 Juni 24 Kanoniker zu Rotenburg/Fulda(?)[177].
| b) | Siehe Konrad M. (St.Nr. 20).

22   Berthold Cantrifusoris von Sobernheim

| I. b) | Erhält 1428 Juli 19 als Inhaber der Pfarrei Vacha die Erlaubnis zum Studium der Rechte[178].
| II. a) | Wird 1427 Dez. 8 als Pfarrer vorgesehen. Resigniert 1428 August 18[179].

23   Nikolaus Piscatoris

| I. a) | 1430 S *Nikolaus Piscatoris de Fach* in Wien[180].
| c) | Zusammen mit zehn weiteren Studenten aus Mainz bzw. der Diözese.
| II. b) | 1350 Mai 1 *Herdene Vischere*[181]. 1365 April 2 Berthold Fischer und Frau Angelika sowie Konrad F. und Frau Adelheid[182]. 1393 März 1 Hans und Klaus F.[183]. 1428 Jan. 8 und 1429 Dez. 6 Berthold F.[184]. 1438 Febr. 27 Fritz F. und Frau Katharina[185]. 1507 Hans F. (St.Nr. 76).

24   Johannes Gisseler

| I. a) | 1432 S *Johannes Gis/s/eler de Vach* in Erfurt[186].
| II. a) | 1441 wird vom benachbarten Kloster Frauensee aus ein *Hanse Gyseler* in Erfurt aufgesucht[187]. Der Priester *Johann Giseler* kauft 1449 Febr. 21 eine Wiese bei Salzungen[188].
| b) | 1356 Okt. 10 die Nonne *Bertrade Gyselern* im Kloster Frauensee[189]. 1470 Kurt *Gieseler*[190]. 1484 Barbara *Giesen*[191]. 1508 Bernhard Geißler (St.Nr. 77).

25   Albert Swinfleß

| I. a) | 1437 W *Albertus Swinfleß de Vach* in Erfurt[192].
| c) | Kurz darauf Andreas Schoppener aus Salzungen. Im gleichen Rektorat wie Heinrich Stuncoff (St.Nr. 26).
| II. b) | 1363 Okt. 14 Berthold und Angelika Swinfleisch[193].

26	Henrich Stuncoff
I. a)	1437 W *fr. Henricus Stuncoff ordinis servorum beate Marie* (Serviten) *de Vach* in Erfurt[194].
c)	Im gleichen Rektorat wie Albertus Swinfleß (St.Nr. 25). Direkt hinter Bonifatius Kelner aus Fulda.
II. a/b)	1439 Jan. 15 *Stomphküche zcü Vache*[195]. 1442 *der Stomphküchen*[196]. 1452 April 16 wird in Vacha der alte *Stumpphkochen* und sein Sohn Heinrich genannt[197].

26a	Ortho de Bach?
I. a)	1437 *Ortho de Bach militaris* in Köln[198].
b)	Vielleicht identisch mit dem 1453 S in Leipzig immatrikulierten *dns. Orto de Bach canonicus Maguntinus*[199]?
c)	1437 im gleichen Rektorat mit *Henr. Huenvelt de Ysenhach* (Eisenach), *cl. Mag. d.* (Mainzer Diözese). Ortho erscheint 1437 direkt zusammen mit Conrad de Maesbach, beide *familiares dominorum premisso rum*[200].

27	Johannes Truter
I. a)	1442 S *frater Johannes Truter ordinis servorum beate Marie* (Serviten) in Erfurt[201].
b)	Vielleicht identisch mit dem Erfurter Nachzahler Johannes Vach 1443 S[202].
c)	1442 zusammen mit Johannes Trost und Johannes Witzel (St.Nr. 28, 29).
II. a)	Wahrscheinlich identisch mit dem 1486 im Erfurter Servitenkonvent genannten *Fr. Ioannes Trutter*[203].
b)	1393 März 1 *Conr. Truters*[204]. 1431 Juni 5 *Curden Trotten*[205]. Ein gleichnamiger Student 1454 in Erfurt (St.Nr. 36).

28	Johannes Trost
I. a.	1442 S *frater Johannes Trost ordinis servorum beate Marie* (Serviten) in Erfurt[206].
b)	Vielleicht identisch mit dem Erfurter Nachzahler Joh. Vach 1443 S[207]? 1469 Doktor der Heiligen Schrift[208].
c)	Zusammen mit Johannes Truter (St.Nr. 27) und Johannes Witzel (St.Nr. 29).
II. a)	Wahrscheinlich mit dem von 1469 bis 1494 wirkenden gleichnamigen Servitenprovinzial identisch. 1469 März 26 Superior. 1469 Prior zu Halle und Provinzial. 1479 Sept. 14 und 1485 Provinzial. 1486 Generalvikar der *Congregation observantiae servorum*[209]. 1494 letztmalig im Kloster Schöntal (Schweiz) bezeugt[210]. Wechselt im Amt des Provinzials mehrmals mit dem Vachaer Prior Heinrich Zierenberg. Verwendet sich 1479 Sept. 14 für einige Brüder des Vachaer Klosters, darunter Hermann König (St.Nr. 45)[211].
b.	1403 Konrad T. (St.Nr. 9). 1922 Heinrich T. (St.Nr. 17). 1484 *Hans Drost*[212].

29 Johannes Witzel

I. a) 1442 S *Johannes Wiczel de Vach* in Erfurt[213].
   b) Vielleicht identisch mit dem Erfurter Nachzahler Johannes Vach 1443 S[214]?
   c) Nach den Serviten Johannes Truter und Johannes Trost (St.Nr. 27, 28).
II. a) Verkauft 1440 Jan. 30 bzw. 1442 Sept. 17 zusammen mit seinen Eltern Johannes und Irmgard ein Gut an das Vachaer Servitenkloster bzw. ein Haus gegenüber dem Kloster[215]. 1471 Mai 12 bezeugt[216]. Spätestens 1496 verstorben[217].
   b) 1380 Jan. 5 *dem alten Hanß Witzeln und seinen erben seligen*[218]. 1425 Juni 23 Erwähnung der Eltern Hans und Irmgard *Wiczel*[219]. Der Bruder(?) Heinrich W. 1452 (St.Nr. 32c). Die Neffen Nikolaus und Georg W. studieren um 1500 bzw. 1516/1520 (St.Nr. 71, 85).

30 Johannes Deutscher

I. a) 1442 S *Johannes Tetscher de Vach* in Leipzig[220].
   c) Kurz darauf *Mathias Lippart* aus Kassel und *Henricus Sne* aus Schmalkalden.
II. a) 1429 April 9 bis 1461 Mai 31 als Servit in Vacha, 1447 Mai 9 Prior[221]. 1460 August 20 *Johannes Deyszcer de Vach*, Presbiter Mainzer Diözese, erhält die Kirche von Frisenheim (Diözese Worms)[222]. 1484 verstorben – *deß Testament wegen Hern Johann Dutzschers seligen*[223].
   b) 1391 Jan. 5 Fritz *Teytscher* und Frau Katharina, 1407 Fritz Teutscher, 1428 April 23 der Priester Hartung Teutscher[224].

31 Nikolaus Kekis

I. a) 1442 W *Nycolaus Kekis de Vaech* in Erfurt[225].
   c) Zwischen *Hinricus Dilige* und *Johannes Goepel* aus Fulda.

31a Nikolaus S[B]ache?

I. a) 1443 W *Nicolaus S[B]ache* in Erfurt[226].
   c) Zusammen mit Heinrich (von) *Slicze* (Schlitz).

32 Heinrich Brulant

I. a) 1445 S *frater Heinricus Brulandis de Vach ordinis fratrum sancte Marie* (Serviten) *gratis ob reverenciam ordinis* in Erfurt[227].
   b) 1456 F *Frater Henricus Brulant de Vach ordinis servorum beate Marie* als Bakkalar[228]. 1459 *Magister [artium] et frater Henricus brulant de Vach* in Erfurt[229].
II. b) Vielleicht verwandt mit dem 1453/1454 genannten Schultheiß Konrad Brunde/Bruno[230]?

32a Siegfried Flach?
I. a) 1447 S *Sifridus Flach* in Erfurt[231].
c) Darauf *Mathias Lippart* aus Kassel sowie *Henricus Sne* aus Schmalkalden.

32b Maternus Fech?
I. a) 1451 W *Maternus Fech* in Erfurt[232].

32c Heinrich Witzel?
I. a) 1452 S Hinricus Wiczel in Erfurt[233].
II. b) Vielleicht ein Angehöriger der Familie W. (St.Nr. 29).

32d Dietrich Fabri?
I. a) 1452 *Tidericus Fabri de Gach* in Rostock[234].
II. b) Siehe Andreas Fabri (St.Nr. 55).

32e Bernhard Wack?
I. a) 1453 W *Bernherus Wack* in Erfurt[235].

33 Johannes Borsch
I. a) 1454 S *frater Johannes Porse [Porst] de Vach* in Erfurt[236].
c) Zusammen mit Johannes Franck, Nikolaus Toppher und Johannes Truter (St.Nr. 34, 35, 36).
II. a) 1483 Johannes Bursa als Servit in Vacha[237]. 1486 Juli 21 *Fr. Ioannes Bursa*, Servit in Vacha und zugleich Prior in Mariengart, der vormalige Konventssitz bzw. das spätere Nebenkloster[238]. 1499 Mai 10 und 1500 Sept. 29 Prior, 1502 Mai 8 Altprior in Vacha[239].
b) 1452 April 16 der Servit Berthold Borsch[240] und 1484 der Bürger *Adam Borsa*[241].

34 Johannes Franck
I. a) 1454 S *Johannes Franck de Vach [Fach]* in Erfurt[242].
c) Zusammen mit Johannes Borsch, Nikolaus Toppher und Johannes Truter (St.Nr. 33, 35, 36).
II. a) 1484 Johann Francken, Schulmeister in Vacha[243] und Notar[244]. 1486 Juli 21 *Fr. Ioannes Franch* als Servit in Vacha[245]. 1506 Vikar in Dietlas[246]. 1508 Juli 29 *Joh. Franck*, Priester[247].
b. 1368 Juni 6 Haus und Hof eines genannt *Franken*[248]. 1473 Student Johannes F. (St.Nr. 50). 1484 die Bürger Heinrich, Klaus und Konrad F.[249]. 1497 Johannes F. der Fenstermacher[250]. 1520 Jakob F. (St.Nr. 92).

35 Nikolaus Toppher

I. a) 1454 S *Nicolaus Toppher de Vach* in Erfurt[251].
   b) 1455 S *Nicolaus de Varre* als Nachzahler in Erfurt[252].
   1454 zusammen mit Johannes Borsch, Johannes Franck und Johannes Truter (St.Nr. 33, 34, 36).
II. a) *Nikolaus Thoffers* hat vor 1478 Juni 11 die Vikarie am Heilig-Kreuzaltar an der Pfarrkirche zu Vacha inne[253].
   b) 1393 März 1 *Hanse Toppher*[254]. 1428 Januar 8 *Claus Topher/Tapher*[255]. 1484 die Bürger *Aldhans, Heintz, Junghanß* und *Petz Dopfer/Dopher*[256].

36 Johannes Truter

I. a) 1454 S *Johannes Trut[t]er de Vach* in Erfurt[257].
   c) Zusammen mit Johannes Borsch, Johannes Franck und Nikolaus Toppher (St.Nr. 33, 34, 35).
II. a) Vielleicht identisch mit dem 1506 an der St. Annen-Kapelle genannten Vikar *Iohannis Treuther*[258].
   b) 1442 ein gleichnamigen Student (St.Nr. 27).

37 Johannes Steffan

I. a) 1454 W *Johannes Steffan de Vach* in Erfurt[259].
   b) 1459 W *Johannes Steffen de Vach* Nachzahler in Erfurt[260]. 1460 F *Johannes Stephani de Vach* Bakkalar in Erfurt[261].
II. a) *Johann Steffani* erhält 1478 Juni 11 die Vikarie am Heilig-Kreuzaltar an der Pfarrkirche zu Vacha[262], wo er Nikolaus Toppher nachfolgt (St.Nr. 35). In der Stadtrechnung von 1497 wird Herrn *Johannß Steffan tzu Erffort betzalt syn Jars Liebtzucht, (als er) uff Michahelis anno (14)96 (in Vacha) erschinen gewest*[263].
   b) 1497 *Steffen, dem Thormer*[264]. 1420 März 24 *Cort Stefphan*[265].

38 Heinrich Bader

I. a) Vielleicht identisch mit dem 1455 S imm. *frater Henricus Vochß ... de Bavaria* in Erfurt[266].
   b) 1457 W *frater Henricus Badir de Vach* als Nachzahler in Erfurt[267]. 1458 F Bakkalar *Frater Henricus Beder de Vach servus beate virginis* (Serviten) in Erfurt[268].
II. b) 1393 März 1 sind zwei Badestuben in Vacha bezeugt[269]. 1493 Juli 23 *Albrecht der beder*[270]. 1504 Heinrich Rasoris (St.Nr. 74). 1508 Juli 29 *Endres Bader*[271]. 1527 Bürger *Hanns Badder*[272].

39 Heinrich Murhard

I. a) 1456 W *Hinricus Morhart de Vach* in Erfurt[273].
   b) 1459 S *Henricus Morhart de Vach* Bakkalar in Erfurt[274].

c)	1456 zusammen mit *Conradus Kesebyß de Isennach.*
II. a)	1465 in Vacha, 1472 *der Jüngere*[275]. 1487 Nov. 20 Rentmeister zu Vacha[276].
b)	Eltern: Heinrich und Barbe, 1432 in Vacha. Der Vater ist von 1449 vor Mai 1 bis 1483 Juni 13 Rentmeister[277]. Konrad und Berthold M. (St.Nr. 20, 47).

40   Heinrich Spangenberg

I. a)	1460 S *Hinricus Spangenberg de Vach* in Erfurt[278].
c)	Vor Johannes am Ryne (St.Nr. 41).
II. b)	Siehe bei Heinrich Spangenberg 1414 (St.Nr. 11).

41   Johannes am Ryne

I. a)	1460 S *Johannes am Ryne de Vach* in Erfurt[279].
c)	Nach Heinrich Spangenberg (St.Nr. 40).
II. b)	1484 *Dolde* am *Reyn, Martin und Anna am Reyn.* 1497 *Anna und Heintz am Reyn[e]*[280].

41a   Jakob Kapphan?

I. a)	1462 W *Iacobus Kapphan de Flacht* in Erfurt[281].
b)	1465 W *Iacobus Capphaen de Flacht* als Nachzahler in Erfurt[282]. 1466 F *Jacobus Kapphane de Flacht* Bakkalar in Erfurt[283].
c)	1465 und 1466 zusammen mit Heinrich Degenhart, 1466 direkt vor Degenhart (St.Nr. 42).
II. b)	1470 in Erfurt Johannes Koppen aus Kaltensundheim, der Heinrich Pistoris de Placht (St.Nr. 47a) nachfolgt.

42   Heinrich Degenhart

I. a)	1464 S *Hinricus Deynhart de Vache* in Erfurt[284].
b)	1465 W *Hinricus Degenhart de Fach* als Nachzahler in Erfurt[285]. 1466 F *Henricus Deygenhard de Vach* Bakkalar in Erfurt[286]. 1472 *Magister [artium] Henricus deynhart de Vach* in Erfurt[287].
c)	1464 vor Hermann Hummelmann *de Bercka*(/Werra?). 1466 vor Jacobus Kapphane de Flacht (St.Nr. 41a).
II. b)	1484 *Hanß Deynhart*[288].

43   Albertus Arnolt

I. a)	1465 W *Albertus Arnolt de Vach* in Erfurt[289].
b)	1467 *Alb. Arnoldi de Vach, d. Maguntinensis* in Köln[290].
c)	1465 im gleichen Rektorat Heinrich Degenhart (St.Nr. 42).
II. b)	1439 Jan. 15 ein *Heinrich Arnolde* in einem Schuldverzeichnis des Kloster Frauensee[291]. 1456 *Hans Arnolt* im Amtsdorf Oechsen. 1484 *Herman Arnolt*

als außerhalb wohnender Bürger, 1497 *Ußwoner Herman Arnolt tzu Ußen* (Oechsen)[292].

44 Burghard Vach
I. a) 1466 S *Borchardus Vach* in Erfurt[293].
  c) Kurz darauf Hermann Vach, welcher mit Hermann König (St.Nr. 45) zu identifizieren ist.
II. a) In der Stadtrechung von 1484 tritt der einzige Träger des Vornamens, *Borghart Knoth*, als Neubürger auf[294].

45 Hermann König [Koninck, Konig, Künig, Kunig][295]
I. a) 1466 S *Hermannus Vach* in Erfurt[296].
  b) 1469 F *Hermannus Koninck de Vach* als Bakkalar in Erfurt[297].
  c) 1466 kurz nach Borchardus Vach (St.Nr. 44).
II. a) 1479 Sept. 14 *Hermannus Konig* Terminierer des Vachaer Servitenklosters. 1486 Juli 21 *Fr. Hermandus Honrgh*(?) als abwesend vom Konvent genannt[298]. 1495 verfasst *Hermannus künig von Vach ordens der mergenknecht*[299] den ersten deutschen Pilgerführer nach Santiago de Compostela: *Die walfart und straß zu sant Jacob*. Vom Ausgangspunkt Kloster Einsiedeln in der Schweiz beschreibt K. die Wallfahrt zu einem der wichtigsten Pilgerorte des Mittelalters. Bis 1521 erscheinen mehrere Neuauflagen[300].
  b) 1440 Juli 2 *dem jüngen Konige zcü Vache*[301]. 1451 April 4 Ratsmeister *Merten Konigk* und Schöffe *Heinrich Konigk*[302]. 1484 *Mertin, Ditterich* und *Johannes Konig[k]*. 1497 *Conrad Konig*[303]. 1484 Georg *Konigk* (St.Nr. 62).

46 Johannes Bicker
I. a) 1466 W *Johannes Bickerich de Vach* in Erfurt[304].
  b) 1469 S *Joh. Picker de Vach* als Nachzahler in Erfurt[305]. 1469 H *Johannes Bickerich de Vach* als Bakkalar in Erfurt[306].
II. b) 1394 Jan. 15 Hans Picker in Vacha, Sohn des Konrad Picker in Wasungen[307]. 1527 nach Mai 13 Michael Bicker, ehemaliger Servitenmönch in Vacha[308].

46a Nikolaus de Flach?
I. a) 1468 W *Nicolaus de Slacht* in Erfurt[309]?
  b) 1471 F *Nycolaus de Flach* Bakkalar in Erfurt (vgl. St.Nr. 32a, 47a)[310].

47 Berthold Murhard
I. a) 1470 S *Bertholdus Morhart de Vach* in Erfurt[311].
  b) 1473 F Berthold Murhard Bakkalar in Erfurt[312].

1470 kurz zuvor *Iohannes Wack [Wach] de Sancto Goari*. 1473 vor *Henricus Pistoris de Placht* (vgl. St.Nr. 32a, 46a).

II. a) 1465 und 1472 in Vacha[313]. 1484 Weinmeister[314]. Wohl identisch mit dem von 1483 Jan. 5 bis 1515 Jan. 18 in Vacha amtierenden gleichnamigen Rentmeister[315]. 1497 Schultheiß und Rentmeister[316]. Verheiratet mit Frau Agnes, 1517 Sohn Heinrich (St.Nr. 87)[317].

b) Konrad M. und Bruder Heinrich M. (St.Nr. 20, 39).

47a Heinrich Pistoris?

I. a) 1470 S *Henricus Pistoris de Placht* in Erfurt (vgl. St.Nr. 46a)[318].
b) 1473 *Henricus Pistorius de* Placht in Erfurt als Bakkalar[319].
c) Jeweils zusammen mit Berthold Murhard (St.Nr. 47), 1473 direkt nachfolgend. 1470 anschließend Johannes Koppen aus Kaltensundheim.

II. b) Eine Familie *Pistorius/Becker* ist in Vacha unbekannt. Vielleicht abgeleitet von Bockstadt (vgl. St.Nr. 81)[320]?

48 Johannes Goldbach

I. a) 1472 Nov. 10 *Johann Galpach de Vach* in Ingolstadt[321].

II. b) 1373 März 4 *Conrad* und *Katherin Goltbach*[322]. 1385 Juni 20 Bürgerin *Katherin Goltbechin* und ihr verstorbener Mann Konrad[323]. 1393 März 1 *der Goltbechen*[324]. 1451 April 4 Ratsmeister *Curt Goltpach*[325].

49 Heinrich Beyer

I. a) 1473 S *Heinricus Beyer de Vach* in Erfurt[326].
c) Zusammen mit Johannes Franck, Johannes u. Heinrich Dielschneider sowie Melchior Schrot (St.Nr. 50, 51, 52, 53).

II. b) 1484 Bürger *Hans Beier*[327].

50 Johannes Franck

I. a) 1473 S *Johannes Francke de Vach* in Erfurt[328].
b) 1476 S *Johannes Franck de Vach* Nachzahler in Erfurt[329], 1476 H *Johannes Franck de Vach* Bakkalar in Erfurt[330].
c) Siehe bei Heinrich Beyer (St.Nr. 49).

II. a/b) Vgl. bei Johannes Franck 1454 (St.Nr. 34).

51 Johannes Dielschneider

I. a) 1473 S *Johannes Delßnyder de Vach* in Erfurt[331].
c) Siehe bei Heinrich Beyer (St.Nr. 49).

II. a) Vor 1506 verstorben, ehemals Vikar in Dietlas[332].

| b) | 1448 *Burckart Dielesniider von Fache* Neubürger in Frankfurt/M.[333]. 1484 Bürgerin *Elisabet Dilsnidern*[334]. Heinrich und Martin Dielschneider (St.Nr. 52, 59).

52 Heinrich Dielschneider

I. a) 1473 S *Heinricus Delsnyder de Vach* in Erfurt[335].
  b) 1475 W *Hinricus Dielsnyder de Vach* als Nachzahler in Erfurt[336]. 1476 F *Hinricus Dylsnider de Vach* Bakkalar in Erfurt[337].
  c) Siehe bei Heinrich Beyer(St.Nr. 49).
II. a) 1484 und 1497 Vikar an der Stadtkirche zu Hersfeld[338]. 1498 April 18 Priester *Heinrich Dielschnidern*. 1499 Sept. 28 Vikar *Cheynrich Dilsniter* zu Vacha[339].
  b) Vgl. bei Johannes Dielschneider (St.Nr. 51).

53 Melchior Schrot

I. a) 1473 S *Melchiar Schrot de Vach* in Erfurt[340].
  b) 1475 S *Melchior Schrot* als Nachzahler in Erfurt[341]. 1475 H *Melchiar Scrod de Vach* Bakkalar in Erfurt[342].
  c) Siehe bei Heinrich Beyer (St.Nr. 49).
II. a) Erhält 1488 Okt. 4 die St. Vitus Vikarie an der Stadtkirche. Tauscht 1491 Juni 10 mit Konrad Herre, Inhaber der Hospitalskapelle zu Vacha, sein Benefizium[343]. 1497 und 1500 Dez. 17 Verweser und Spitalherr zu Vacha[344]. Vor 1504 April verstorben[345].
  b) 1429 April 9 Heinrich Schrot, Servit[346]. 1456 Kaspar S. im Nachbardorf Oberzella. 1484 die Bürger Hans und Kaspar S.[347].

54 Martin Ottensachs

I. a) 1474 S *Martinus Ottensachs de Vach* in Erfurt[348].
  c) Kurz darauf *Ludwicus von der Tanne de Kreienberg* (Krayenburg)[349].
II. a) 1497 *Mertin Ottensassen* in Salzungen(?) verstorben[350].
  b) 1483 Bürgermeister *Hanß Otensachsen*[351].

55 Andreas Fabri

I. a) 1474 W *Andreas Fabri de Fache* in Erfurt[352].
II. a) 1497 *Anders Smit*, auswärts wohnender Bürger[353].
  b) 1333 Febr. 27 C(onrad?) genannt *Smit*, cellarius[354]. 1393 März 1 *Elsen Smiden* und *Conrat Smides*[355]. 1407 *Johannes Fabri de Ransbach*, Schöffe und Bürgermeister[356]. 1436 November 11 Vikar Heinrich *Smit*[357]. 1452 Dietrich Fabri, Student (St.Nr. 32d). 1484 *Claus Smid, Baltazar Smyt, Henchen Smyden seligen Husfrauw* und *Conrad Smyden erbenn* (auswärts wohnend)[358]. 1502 Balthasar Fabricius (St.Nr. 72) und 1507 Heinrich Schmidt/Fabri (St.Nr. 75).

56 Johannes Kamm

I. a) 1476 S *Johannes Kam de Nach* in Erfurt[359].
  c) Im gleichen Rektorat wie der Nachzahler Johannes Franck (St.Nr. 50).
II. a) 1524 *Johann Cham*[360]?
  b) 1484 Bürgerin *Else Kammen*. 1497 *Elße Kemmen* und *Heintz Kamm*[361].

57 Nicolaus Egerling

I. b) 1479 W *Nicolaus Egerling de Vach* Nachzahler in Erfurt[362].
  c) Nach Johannes Molitoris von Eisenach.

58 Johannes Schreiber

I. a) 1481 S *Johannes Scriptoris de Salczungen ordinis servorum sancte* Mari (Serviten) in Erfurt[363].
II. a) 1479 Sept. 14 Johannes Schreiber, Terminierer des Vachaer Servitenklosters. 1486 Juli 21 *Fr. Ioannes* Semtoris(?) Servit in Vacha. 1510 Sept. 29 *Johann Schrieber,* Prior in Vacha[364].

59 Martin Dielschneider

I. a) 1482 S *Martinus Tylsneider de Vach* in Erfurt[365].
II. b) Siehe Johannes Dielschneider (St.Nr. 51).

60. Johannes Jacobi

I. a. 1482 Jan. 18 *Jacobus Johannes Jacobi de Bach, die Prisce virginis* in Tübingen[366].
II. a) 1484 und 1497 Bürger *Hans Jacob*[367].

61 Heinrich Reyß

I. a) 1482 W *Heinricus Reyß de Vach* in Erfurt[368].
II. a) Vielleicht identisch mit dem vor 1493 September 4 verstorbenen Vikar Heinrich Reyff[369]. 1527 Bürger *Heintz Roeß*[370]?
  b) 1527 Bürger *Hanns Retz*, 1539 *Hanns Reiz*[371].

62 Georg König [Konigk, Regis, Regius, Regio]

I. a) 1484 W *Georius Konigk de Vach* in Erfurt[372].
  b) 1487 F *Georius Regis de Vach* Bakkalar in Erfurt[373]. 1495 *Magister [arcium] Georius regis de Vach* in Erfurt[374]. *Magister [artium] Georg Regis* erhält 1508 als Pfarrer der Stadtkirche vom Fuldaer Abt die Erlaubnis für einen fünfjährigen Universitätsaufenthalt[375]. 1516 Juni 24 *Georgius Konigk* der sieben freien Künsten Magister, der heiligen Rechte Bakkalar[376]. 1517 März 14 *Georgius Konig, artium Magister, Juris* baccalauris, ...[377].

II. a) Nach Resignation des Heinrich Regis 1491 Okt. 4 erhält Georg Regis die Vikarie am St. Katharinenaltar der Stadtkirche[378]. 1497 *Meistern Gorgen Konig betzalt anderthalben Jartzinß widderkauffs von Sanct Katherinen altars wegen hie in der pharkirchen*[379]. 1501 Okt. 28 Pfarrer und Vormund der Präsenzherren in Vacha[380]. 1505 Febr. 24 kauft er die Kreuzwiese zu Dietlas[381]. 1508 Juli 29 Mitglied einer zu gründenden Salzgewerksgesellschaft in Vacha[382]. 1515 März 19 gewährt Wilhelm Graf zu Henneberg ihm einen Schutz- und Geleitsbrief[383]. 1517 März 14 *Ertzprister des stules Vach und von bebstlicher und keiserlicher gewalt offen Notar, Menzer bisthumbs priester, ... Georgius Regius*[384]. Als *M.* (Magister) *Regio* letztmalig 1519 genannt[385].
b) Siehe Hermann König (St.Nr. 45).

62a Wolfgang Beyer?

I. a) 1490 W Wolfgang Beyer in Erfurt[386].
c) Vor Christoph Beyer (St.Nr. 62b) und Sebastian Wenck (St.Nr. 63).
II. b) Siehe Heinrich Beyer (St.Nr. 49).

62b Christoph Beyer?

I. a) 1490 W *Christof Beyer* (vgl. St.Nr. 62a) in Erfurt[387].

63 Sebastian Wenck

I. a) 1490 W *Sebastianus Weyngk de Vach* in Erfurt[388].
b) 1492 H *Sebastianus Wenck de Vach* Bakkalar in Erfurt[389].
c) 1490 nach Wolfgang und Christoph Beyer (St.Nr. 62a/b). Siehe Heinrich Beyer (St.Nr. 49).
II. a) 1527 Bürger – *Sebastian Wengken Hochzeitt*[390]?
b) 1484 Bürger *Jacoff Wengk*[391]. 1488 Sept. 29 die Brüder Jakob, Heinz und Burghard *Wengk*[392]. 1497 Jakob, Tiel und Hans Wenck[393]. 1516 Jakob und Kurt Wenck[394]. 1516 Burghard Wenck (St.Nr. 84). 1519 Sebastian Wenck (St.Nr. 90). 1527 Dilmann, Daniel, Sebastian, Hans und Melchior Wenck[395].

64 Balthasar Hederich

I. a) 1493 S *Baltasar Hederich de Vach* in Erfurt[396].
b) 1499 F *Baltazar Hedrich de Vach* Bakkalar in Erfurt[397]. Vielleicht identisch mit Balthasar Fabricius (St.Nr. 72).
c) 1493 kurz nach *Nicolaus Dittich* aus Fulda.
II. b) 1484 der Neubürger *Heintz Hed[d]erich*. 1497 *Heintz* und *Freunt Hed[d]erich*[398].

65 Johannes Lindelaub
I. a) 1494 Jan. 2 *Johannes Lindelaub de Wach, canonicus ecclesie s. Pauli Wormaciensis e pastor in Erpelszhaim Wormac. dioces.* in Heidelberg[399].

66 Georg Bewter
I. a) 1495 S *Georius Bewter de Bach* in Erfurt[400].
II. a/b) 1484 Bürger *Gorge* und *Hans Buthener*[401].
1488 Sept. 29 *Gorgen Buthenern, Konnen, syner elichen Hußfrauwen* in Vacha[402]. 1497 *den Smalkaldischen uff Jorgen Butheners hochtzit* (in Vacha) *geschangkt*[403]. 1508 Juli 29 *Georius Bottner*[404].

67 Johannes Meyer
I. a) 1496 S *Iohannes Meyer de Phare (frater)* in Erfurt[405].
c) Zusammen mit Eberhard Meyer (St.Nr. 68).

68 Eberhard Meyer
I. a) 1496 S *Everhardus Meyer de Phare (frater)* in Erfurt[406].
c) Zusammen mit Johannes Meyer (St.Nr. 67).

69 Johannes Hunmoller
I. a) 1498 W *Johanes Hun[e]moller de Fach* in Leipzig[407].
b) 1499 S *Ioannes Humuler ex Vach* in Erfurt[408]. 1500 H *Iohannes Hunmuller de Vach Bakkalar* in Erfurt[409].
c) 1500 nachfolgend Nikolaus *Dichmuller* aus Salzungen.
II. b) Der Name fehlt 1497 in der Stadtrechnung[410]. 1508 Juli 29 *Herman Hünemüller*[411]. 1516 *Herman Hümoller*[412].

70 Konrad Weiss
I. a) 1499 April 23 *Konrad Weiss ex Fachsen* in Ingolstadt[413].
c) Am Vortage *Iohannes Strasser ex Obernalben* (Oberalba/Rhön).
II. b) 1447 Nov. 5 Bürger *Peter Wiße* und Ehefrau *Else*[414]. *Peter Wisse* wohnt dann 1453 Dez. 11 in Eisenach. *Walter Wisse* Vikar am Vitus-Altar der Stadtkirche von 1501 Aug. 1 bis 1508 Aug. 9 [415]. 1506 die Vikare *Andree* und *Walteri Wyß*[416].

71 Nikolaus Witzel
I. a) Studienbeginn um 1500. Georg Witzel (St.Nr. 85) berichtet 1557: *Michael Witzel war durch seine zweite Frau* (Agnes Landau) *mein Vater. Von seiner ersten Frau Gertrud Ottensachs hatte er u. a. einen Sohn Nikolaus, der als Jüngling gute Studien gemacht hat*[417].

| 72 | Balthasar Fabric[t]ius Phacchus [Vacch, Phach, Fach, Fachen, Vachus, Facho][418]
| I. a) | Vielleicht identisch mit B. Hederich (St.Nr. 64)[419].
| b) | **In Wittenberg:** 1502 S *Balthasar Fabricius de fach* immatrikuliert[420]. Wahrscheinlich im Gefolge seines Erfurter Lehrers Nikolaus Marschalk – zusammen mit dessen Schülern Hermann Trebelius und Georg Spalatin[421]. 1503 Magister *Balthazar Vacch (Fabricius)*[422]. 1507 Mai 1 hält F. zwei Vorlesungen vormittags über die Aeneis des Vergil und über Valerius Maximus, und legt nachmittags den Jugurthinischen Krieg des Sallust aus[423]. 1516 April 9 *magistro Phach*. 1516 *magister Phach in poetica und ... in rethorica*. 1517 Sept. 22 *Magister Fach list zwu stunden: des morgens Virgilium, darnach umb vhier uhr in oratoria*[424]. 1517 W Rektor *Baltassar Fabricius Phacchus Ingenuarum arcium Magister, Vtriusque Humanitatis Professor*[425]. 1520 nach Mai 31 *magister Baltasar Phach von den lection Moriam Eraßmi und Eneida Virgilii*[426]. 1523 *lector Quintilianum*[427]. 1525 Sept. 17 *magister Baltasar Fachen*[428]. 1525 Okt. 13 *magister Vach*[429]. 1527 *facultatem artium magister Vualthasar Vachus*[430]. 1535 nach April 14 *... Legenten in artibus: M.[agister] Fach*[431]. 1538 Sept. 5. – *Doch sind von disem statut ausgenomen und vom disputirn gefreiet die alten, nemlich magister Staffelstein, magister Vach*[432]. 1541 *lector poetica*[433].
| II. a) | F. veröffentlicht 1505/1506 eine polemische Schrift gegen seinen Wittenberger Professorenkollegen Kilian Reuter[434]. Besucht Fabricius Mutian in Gotha (1509)[435]. Ulrich von Hutten rühmt F. 1510 in der 10. Elegie des 2. Buches der Klagen über die Lötze: *Vivit in hac Francus, patriae nova gloria nostrae, Phacchus, amicitiae portio fida meae. Cumque suo Phaccho parili coniunctus amore, Qui miram ingenii vim, Spalatinus habet*. Woraus auch auf eine innige Beziehung zu Georg Spalatin geschlossen werden kann[436]. Hutten ist in F. Wittenberger Haus Ende 1510 bis Anfang 1511 zu Gast[437]. Dort vollendet Hutten 1511 Febr. 13 die Schrift über die Kunst Verse zu machen[438]. Selbst in den „Dunkelmännerbriefen" ist F. verewigt: *Tunc est ibi unus poeta, qui vocatur Balthasar de Facha, Qui me tribulavit, quod mihi valde doloravit*[439]. An einem Werk von Johann Heß ist F. 1512 als Textbeiträger beteiligt[440]. Hutten schreibt F. 1512 Aug. 21 aus Bologna[441]. Crotus Rubeanus grüßt F. 1512 Sept. 20 in einem Brief an Johann Heß[442] und 1519 Okt. 16 in einem Brief an Luther[443]. 1520 Febr. 28 und Juni 20 lässt ihn Hutten in Briefen an Melanchthon und Luther grüßen[444]. Im Herbst 1513 lernt F. den durchreisenden Eobanus Hessus kennen[445]. Um 1515 wohnt er in der *Bursa fontis*[446]. Johann Rhagius Aesticampianus widmet F. 1518 seine Schrift *Praefatio Plinii*[447]. Ende Juni 1519 nimmt F. als Zuschauer an der Leipziger Disputation zwischen Martin Luther und Johannes Eck teil[448]. Entsagt im Juni 1520 dem geistlichen Stande[449]. 1520 Dez. 10 ist F. an der Verbrennung der gegen Luther gerichteten päpstlichen Bannbulle beteiligt[450]. 1530 heiratet F.

Landstraßenkarte des Erhard Etzlaub 1501

READRIATICVM
VENECIA
HISTRI A.
AGARAN
KREIN
TEN
KERN
VILLACH
ETSCH LAND
VERONA
PADVA
MILAN
DVRINO
SOPHOI
SVEICZR
LVCERN
PERN
SALCZBVRG
MVNCHEN
OSTERRICH
SVABEN
AVGSBVRG
PASEL
ELSAS
PASSAV
FREISIG
STRASBVRG
LVTRIG
REGESBVRG
NVRN
BEHEN
PRAG
WORMS
MEINCZ
COBOLENCZ
MARTBVRG
HESSN
DRESEN
MEISSEN
LIPCZ
SAGEN
LAVSNI
NORTHVSN
CASSEL
PADLBORN
MVNSTER
DEVEN
OSNBRVG
FRISLAND
GRONINGEN
MEIDBVRG
BRVNSVIG
BERLIN
SAX EN
VVERDEN
BREMEN
AVELBVRG
LVNBVRGER HEID
POMERN
STETIN
LVNEBORG
HAMBORG
SVND
RVGEN
LVBECK
OMERISCHMER
FALSTER
DAS GROS T

Anna von Farnrode, eine Nonne aus dem Eisenacher Katharinenkloster[451]. Von 1530 bis 1536 Briefwechsel mit Georg Witzel (St.Nr. 85). Nach 1535 April 14 Notar in Wittenberg[452]? Möglicherweise 1538 in Vacha[453]. 1541 Juli 3 in Wittenberg gestorben[454].

a/b) Siehe Dietrich Fabri 1452, Andreas Fabri 1474 und Balthasar Hederich 1493 (St.Nr. 32d, 55, 64). 1484 und 1497 *Baltazar Smyt*[455], 1485 zusammen mit Frau Katharina (in der Hintergasse wohnend)[456]. 1497 *Cort, Claus, Melchior und Hans Schmidt*, sowie der auswärts wohnende Bürger *Anders Smit*. Ein Heintz S. wird dort ebenfalls genannt, nicht aber als Bürger vermerkt[457]. 1507 Heinrich Schmidt/Fabri in Wittenberg (St.Nr. 75). 1508 Juli 29 ein *Baltzer Schmidt in Vacha*[458]. 1527 Valten-, Apel-, Caspar-, Fritz- und Lorentz Schmidt[459]. Georg Witzel (St.Nr. 85) berichtet 1531 Dez. 24 in einem Brief aus Vacha an F. über die Armut von dessen Verwandtschaft und fordert ihn auf zu helfen[460].

72a Urban Streckel?
I. a) 1503 S *Urbanus Streckel de Lach* in Leipzig[461].

73 Georg Gellisich
I. a) Immatrikulation nicht feststellbar. Zuvor in Mainz?
b) 1504 *Georgius Gellisich de Wach* Bakkalar in Wittenberg[462].

74 Heinrich Rasoris
I. a) 1504 W *Heinricus Rasoris de Wach* in Wittenberg[463].
II. b) Siehe Heinrich Bader (St.Nr. 38).

74a Jacob Stumph?
I. a) 1505 W *Jacobus Stumph de Lachen* in Erfurt[464].
b) 1508 H *Jacobus Stumpff ex Lach* Bakkalar in Erfurt[465].
II. b) 1527 *Antong Stumpff*, Weinmeister. 1539 V*alentin Schtumph*, Brauer[466].

75 Heinrich Schmidt/Fabri
I. a) 1507 S *Hinricus Smid de Fach dioc. Moguntinen* in Wittenberg[467].
b) 1509 *Henricus Fabri de Fach* Bakkalar in Wittenberg[468].
II. b) Vgl. 1502 Balthasar Fabricius (St.Nr. 72). 1474 Andreas Fabri (St.Nr. 55).

76 Hans Fischer
I. a) 1507 *Johannes Fischer de Vach ex Thuringia* in Rostock[469].
c) zusammen mit *Johannes Jakobi de Huszem* (Hausen, in Salzungen aufgegangenes Dorf)[470].

II. a/b) Vgl. 1430 Nikolaus Piscatoris (St.Nr. 23). *Hans Vische* zu Eisenach erhält 1484 laut Stadtrechnung 5 Gulden Leibzucht. 1527 Georg und Heinz Fischer. 1539 Hans, Sohn von Heinz, heiratet[471]. 1545/46 Hans F. wehrfähiger Bürger[472].

76a   Konrad Bornemann?

I. a) 1507 W *Conradus Bornemann de Vake* in Erfurt[473].

b) 1509 H *Conradus Borneman de Vak* Bakkalar in Erfurt[474].

77   Bernhard Geißler

I. a) 1508 W *Bernardus Gyßler de Flach* in Leipzig[475].

c) Nachfolgend *Nicolaus Halbig* aus Hammelburg.

II. b) 1432 Johannes G. (St.Nr. 24). 1470 Juni 24 *Curt Gyßen*[476]. 1484 und 1497 Bürgerin *Babra Giesen*[477]. 1553 *Wendel Geiseler*[478].

78   Ludwig Heupel

I. a) 1509 S *Ludwicus Heypell de phach* in Wittenberg[479].

c) Zwischen den Salzungern Hermann und Johannes Fulda eingeschrieben.

II. b) 1484 und 1497 Bürger *Hans Heupell/Heypel*[480]. 1505 Juli 4 *Hansen Houpel von Vach*[481]. 1512 Juli 8 *Hansen Heuppel*, Schöffe[482].

79   Eberhard von der Tann

I. a) 1512 Aug. 8 S *Ewerhardus von der Than Herbipolen. Dioc. VI idus augusti* in Wittenberg[483].

b) 1517 S *Eberhardus von der Thanne Eistat. can.* in Erfurt[484]. 1518/19 in Bologna und 1519 in Padua[485]. 1521 April 6 *D. Eberhardus von der Thann canonicus Eystettens* in Freiburg[486]. Rechts- und Theologiestudien[487].

c) 1517 zusammen mit Bruder Friedrich.

II. a) 1495 Sept. 4 auf dem Haselstein geboren[488]. 1509 Juni 3 Eichstätter Kanoniker. 1528 bis 1543 Hauptmann zu Eisenach/Wartburg[489]. In dieser Position geht er gegen die Wiedertäufer um Vacha vor[490]. 1527 fürstlich hennebergischer und kursächsischer

Eberhard von der Tann, um 1540

Rat und Gesandter[491]. 1529 Jan. 4 heiratet er Maria Schenkin von Schweinsberg. Begleitet 1529 Luther von Eisenach zum Marburg Religionsgespräch[492]. Beruft 1534 den ersten evangelischen Pfarrer, Franziskus Kircher, nach Tann. Teilnahme an den Reichstagen zu Worms 1539 und Nürnberg 1542[493]. 1547 als Gesandter der Herzöge von Sachsen am Reichstag in Augsburg. Bekommt 1552 Sept. 16 mit seinem Bruder Christoph für zehn Jahre die Halsgerichtsbarkeit in Tann von Fulda übertragen. 1555 Teilnahme am Augsburger Reichstag. 1563 Statthalter in Coburg[494]. 1569 Kirchen und Schulvisitation. Statthalter zu Weimar und nach Herzog Johann Wilhelms Tode Untervormund der unmündigen Prinzen und Administrator der thüringischen Lande. Am 9. Juni 1574 gestorben, in der Kirche zu Tann beigesetzt[495].

b) 1413 Juni 13 Simon von der Tann, Amtmann in Vacha. 1480 Okt. 1 belehnen die Brüder Simon und Ludwig von der Tann das Vachaer Kloster mit einem Gut zu Mariengart[496]. 1490 nach Febr. 27 Simon und Ludwig von der Tann sind für das Amt Vacha vorgesehen[497]. 1490 April 2 Vater Melchior kauft vom hessischen Landgrafen Wilhelm II eine Gülte aus dem Zoll zu Vacha[498]. 1500 Dez. 17 Ludwig von der Tann urkundet in Vacha[499]. 1506 Okt. 12 Vater Melchior wird Amtmann auf dem Haselstein[500]. 1508 Okt. 3 bis 1524 Dez. 28 Vater Melchior, Amtmann in Vacha[501]. 1512 Bruder Martin (St.Nr. 80). 1517 Bruder Friedrich (St.Nr. 88). 1518 Bruder Alexander (St.Nr. 89). 1524 Dez. 28 Tod des Vaters, Grabstein in der Klosterkirche zu Vacha[502]. 1542 Tod von Mutter Margarete, geb. von Mansbach, in Eisenach. 1542 Nutzungsteilung des Erbes. Die Brüder Eberhard und Alexander nehmen ihren Sitz in Tann. Die Kinder des verstorbenen ältesten Bruders Martin bekommen die Güter in Franken[503]. 1518 Sept. 24 wird auch ein Hans von der Tann, Amtmann zum Haselstein genannt[504].

80 Martin von der Tann

I. a) 1512 W *Martinus de Dahn ex Vach dioc. Maguntinen* in Wittenberg[505].

c) Im gleichen Rektorat Johannes Bockstadt (St.Nr. 81).

II. a) 1493 März 33 auf dem Haselstein geboren[506]. 1520 Juli 19 erhält er die Anwartschaft auf das Amt Vacha[507]. Nach 1524 Dez. 28 (Tod des Vaters) bzw. vor 1525 April 21 bis 1533 Okt. 1 hessischer Amtmann in Vacha. Im April 1525 wird er ins Bauernkriegsgeschehen verwickelt. Gemeinsam mit dem fuldischen Amtmann Rudolf von Weiblingen vermittelt er am 21. April im benachbarten Völkershausen. Am Tag darauf unterzeichnen die Amtleute im Auftrag der Bürger die 12 Artikel der Bauern[508]. Nach der Niederschlagung des Aufruhrs siegelt er 1526 März 13 den Unterwerfungsvertrag der Bauern im Gericht Völkershausen[509]. Heiratet 1526 Dez. 31 Irmgard von Rolshausen. Schreibt 1527 Sept. 27 dem hessischen Landgrafen u.a. wegen der Heirat des Pfarrers zu Pferdsdorf[510]. Als Amtmann ist er an der Verfolgung der Wiedertäufer beteiligt. Berichtet 1534 Jan. 16. dem Landgrafen von einer Vernehmung[511]. 1534 Aug. 8 in Würzburg gestorben[512].

b) Siehe Bruder Eberhard (St.Nr. 79).

81 Johannes Bockstadt

I. a) 1512 W *Johannes Bockstadt d'Vach dioc. Magunt. 20. April* in Wittenberg[513].
b) 1514 Juni 27 *Ioannes Burkstedt Phachensis* Bakkalar in Wittenberg[514].
c) 1512 zusammen mit Martin von der Tann (St.Nr. 80).

II. a) 1527 Bürger *Joannes Bogkstatt*[515]. 1537 August 11 Abschied als Stadtschreiber[516]. 1539 Bürger *Johannes Bogkstath*[517]. 1546 Schöffe[518]. 1569–1572 Mai 14 fuldischer Keller[519].
b) 1484 *Item vor dy brot wage, der Boxstetten gewest*. 1497 *Jakob Baxstat*, Bürger und Aufnahme ins Schöffenamt[520]; noch 1526 Sept. 24 als Schöffe fungierend[521]. 1531 Juni 13 Vorsteher der Wollweberzunft[522].

82 Bernhard Phachus

I. a) 1515 S *Bernhardus Phachus Dioc. Maguntinen 22 Junij* in Wittenberg[523].
b) 1516 Oktober 15 *Bernhardus Phacchus gratis diocesis Moguntinensis* Bakkalar in Wittenberg[524].

II. a/b) Vielleicht identisch mit *Bernharten Kirchner*, welchem 1510 Sept. 29 neben seinem Großvater Nikolaus K. und den Eltern Johannes und Elisabeth die Verschreibung einer Hutweide vom Vachaer Kloster bestätigt wird[525]. 1527 erscheint Vater Hans, 1539 hat ihn *Bernhart* als Familienoberhaupt abgelöst[526]. 1545/46 wird er als wehrfähiger Bürger gemustert[527]. 1549 Ratsherr[528].

83 Sebastian Mege

I. a) 1515 *Sebastianus Mege de Bache [Franconica]* in Frankfurt/Oder[529].
II. b) Vielleicht identisch mit Meth, 1527 der Bäcker *Claus Meth*[530].

84 Burghard Wenck

I. a) 1516 W *Borchardus Wenck ex Vach* in Erfurt[531].
b) 1518 H *Burchardus Wenck ex Vach* Bakkalar in Erfurt[532].
c) 1516/1518 jeweils zusammen mit Georg Witzel (St.Nr. 85). Dieser erwähnt ihn als Mitstudent.

II. b) 1490 Sebastian Wenck (St.Nr. 63).

85 Georg Witzel [Wicelius, Landau, Gerson, Fachensis, Irenäus, Agricola Phagi, Bonifacius Britannus][533]

I. a) 1516 W *Georius Wiczel ex Vach* in Erfurt[534].
b) 1518 H *Georgius Wytzell ex Vach* Bakkalar in Erfurt[535]. 1520 studiert W. 28 Wochen in Wittenberg, hört bei Luther, Melanchthon, Karlstadt[536] und wahrscheinlich bei Fabricius (St.Nr. 72)[537]. Den Magisterrang hat W. nach eigenem Bekunden, obwohl ihn Luther als solchen bezeichnet (II.a.), nicht besessen[538]. 1532 bewirbt W. sich um den neu einzurichtenden Lehrstuhl für Hebräisch in Erfurt[539], was aber von den Wittenbergern, wegen seiner Rückkehr zur katholischen Kirche, verhindert wird[540]. 1539 schlägt auch der Versuch des Brandenburgischen

Kurfürsten Joachim II. fehl, ihm eine Professur an der Universität Frankfurt/ Oder zu verschaffen[541]. Eine Tätigkeit an der Universität Mainz ist umstritten. 1561 Januar 27 erhält Daniel Mauch (Domscholaster zu Worms) von Kaiser Ferdinand I. die Genehmigung W. zum Doktor der Theologie zu promovieren[542].

c) 1516 und 1518 jeweils mit Burghard Wenck (St.Nr. 84) zusammen. W. nennt 1557 seine Erfurter Mitschüler: *Burghardus & Sebastianus Vuenciana* (St.Nr. 84, 90), *Henricus Murhardorum* (St.Nr. 87), *Iaco Franco* (St.Nr. 92) und *Iohan Rodus* (St.Nr. 86)[543].

Georg Witzel 1542

II. a) W. wird 1501 im väterlichen Gasthaus *Zum Engel* in Vacha geboren[544]. Bis 1513/14 Besuch der Schule in Vacha, 1514/16 Schulaufenthalte in Schmalkalden, Eisenach und Halle. 1516 Schulmeister in einem unbekannten Konvent, 1519 an der heimatlichen Pfarrschule. In Merseburg 1521 zum Priester geweiht. 1521/24 Vikar und kurzzeitig Stadtschreiber in Vacha. W. predigt 1522/23 hier neben Balthasar Raid aus Fulda als erster die Lehre Luthers[545]. W. heiratet 1524 Elisabeth Kraus, eine Eisenacher Bürgertochter. Aus der Ehe gehen acht Kinder hervor. Ab 1524 ist W. Mitarbeiter von Jakob Strauß in Eisenach[546]. 1525 evangelischer Pfarrer in Wenigenlupnitz[547]. Anfang 1525 wirkt W. an der ersten Visitation der Reformationsgeschichte maßgeblich mit, die im Raum Eisenach von Strauß geleitet wird[548]. Am 18. und 19. April setzt er als Visitator evangelische Priester im Amt Vacha ein. Den Einwohnern der benachbarten Herrschaft Völkershausen wird gleiches verwehrt, was die Bauernkriegsunruhen in Thüringen auslöst[549]. W. wird als Aufrührer verdächtigt und aus seinem Pfarramt vertrieben. Nach 1525 Nov. 11 auf Empfehlung Luthers Pfarrer in Niemegk nördlich Wittenberg: - *eynen mit namen Magister Georgen Wesel fast* (sehr) *gelerten und geschickten, der wol dahin tugen soll, mit gotts gnaden*[550]. 1529 Teilnahme von W. am Marburger Religionsgespräch[551]. 1530 wegen falscher Anschuldigungen in Belzig eingekerkert[552]. Luther schreibt 1530 April 1 dem Gefangenen. Auf dessen Fürsprache hin freigelassen[553]. Trotzdem kehrt W. als einer der ersten evangelischen Geistlichen 1531 zur alten Kirche zurück. 1531/33 in Vacha ohne Amt nur literarisch tätig. Der hessische Landgraf verweist W. 1533 des Landes.

1533/38 Graf Hoyer von Mansfeld beruft W. als katholischen Prediger nach Eisleben. 1538/39 Aufenthalt in Dresden, nach dem Tod Herzog Georgs von Sachsen (17. April 1539) gefangengesetzt, unter Auflagen freigelassen. Flucht nach Stolpen und weiter nach Berlin[554]. Für Kurfürst Joachim II. von Brandenburg wirkt er 1539/1540 möglicherweise an der Erstellung einer neuen Kirchenordnung mit. Weggang über die Lausitz, Schlesien, Böhmen nach Würzburg[555]. 1541 Berufung nach Fulda als Rat des Abtes, zugleich Rektor (Ludimoderator) an der lateinischen Stadtschule. Für Abt Philipp Schenk von Schweinsberg erstellt W. ein Gutachten, das zur Grundlage für die Fuldaer Kirchenordnung von 1542 wird. Gehörte vom Leipziger Religionsgespräch 1539 bis zum zweiten Regensburger Religionsgespräch von 1546 zum bestimmenden Personenkreis für die religiösen Verständigungsversuche im Reich[556]. Teilnahme an den Reichstagen in Speyer 1542/1544. Im Schmalkaldischen Krieg (1546/ 1547) musste W. vor den anrückenden protestantischen Truppen vorübergehend aus Fulda nach Würzburg fliehen. 1547 Berufung von Kaiser Karl V. zur Teilnahme am Augsburger Reichstag. Endgültige Flucht aus Fulda 1552 vor den Streitkräften des Kurfürsten Moritz von Sachsen. Nach kurzem Aufenthalt in Worms 1553 Übersiedlung nach Mainz. Für den Augsburger Reichstag erstellt W. 1555 ein Gutachten über die Einheit der Kirche. 1557 nimmt er in Worms am letzten Religionsgespräch des 16. Jh. an der Seite des katholischen Naumburger Bischofs Julius Pflug teil[557]. Berufung zum Augsburger Reichstag 1559. Im gleichen Jahr Ernennung zum Rat von Kaiser Ferdinand I[558]. In der Folgezeit kann W. wegen seiner angegriffenen Gesundheit keine größeren Reisen mehr unternehmen. Er stellt 1564 seine theologisch-literarische Arbeit ein[559]. Insgesamt sind 122 Werke zur Drucklegung gelangt, in über 350 verschiedenen Ausgaben[560]! Am 16. Februar 1573 stirbt W. in Mainz. Beisetzung in der Kirche St. Ignaz (Ignatius)[561].

b) 1380 vor Januar 5 Tod von Hans W. dem Älteren. 1425 Juni 23 werden die Großeltern väterlicherseits, Hans und Irmgard W. erstmals genannt. 1442 Onkel Johannes (St.Nr. 29). 1484 Vater Michael als Bürger. Erste Heirat mit *Gertrud Ottensachs*. Halbbruder Nikolaus (St.Nr. 71). 1497 zweite Heirat des Vaters mit Agnes Landau aus Hünfeld, Mutter. 1534 Neffe *Ioannes Wyczel* Student in Erfurt[562]. 1508 Tod der Mutter. 1538/39 Tod des Vaters[563].

86 Johannes Roth

I. a) Um 1517 in Erfurt[564].
 c) Georg Witzel (St.Nr. 85) nennt ihn als Mitstudent.
II. a) 1527 *Joannes Roidt*[565]. 1530 März 6 *Johans Roidten*, Schöffe[566]. 1539 *Johannes Roidt*, fuldischer Kelner[567]. 1545 Febr. 18 *Johanßen Roidt*, fuldischer Kelner[568].
 b) 1371 Mai 18 der Zeuge Heinrich Rote[569]. 1497 *Elße Rothen, Fridderich Roth*[570]. 1508 Juli 29 *Friderich Rote*[571]. 1527 *Georg Roidt*. 1539 *Vehmel Roidten, Margaretha Roidten, Baltasar Roidt, Jacob Roidt*[572].

87 Heinrich Murhard
- I. a) 1517 S *Heinricus Morhart ex Vach* in Erfurt[573].
- c) Georg Witzel (St.Nr. 85) erwähnt ihn als Mitstudent.
- II. a) 1518 Januar 16 in Vacha[574].
- b) Siehe Konrad Murhard (St.Nr. 20). Vater Berthold (St.Nr. 47). Mutter Agnes, 1491/1502[575].

88 Friedrich von der Tann
- I. a) 1517 S *Fridericus von der Than canonicus Novi monasterii Herbipolensis* (Würzburg, Neumünster) in Erfurt[576].
- c) Zusammen mit Bruder Eberhardt (St.Nr. 79).
- II. a) 1501 geboren, 1521 Febr. 21 *Fridericus von der Than, canonicus Novimonasterii*[577]. 1522 Dez. 4 als Student in Erfurt verstorben[578].
- b) Siehe Bruder Eberhard (St.Nr. 79).

89 Alexander von der Tann
- I. a) 1518 Januar 23 *Alexander von der Thann canonicus Herbipolensis nobilis* in Ingolstadt[579].
- b) 1518 *Alexander von der Thannen nobilis dedit 10 nivenses* in Erfurt[580]. Angeblich schon 1517 in Erfurt und anschließend mit seinem Bruder Eberhard in Bologna und Padua[581].
- II. a) 1502 Dez. 12 auf dem Haselstein geboren[582]. 1508 Okt. 3 zieht die Familie nach Vacha[583]. 1517 Würzburger Domizellar[584]. 1531 Nov.–1533 Okt. 28 Kammerdiener des hess. Landgrafen Philipp[585]. 1535–1538 Mai 17 Amtmann in Vacha[586]. 1538 Okt. 28 – 1554 April 2 hess. Oberamtmann der Obergrafschaft Katzenelnbogen[587]. 1541 hess. Gesandter auf dem Reichstag in Regensburg[588]. 1554 in Darmstadt gestorben[589].
- b) Siehe Bruder Eberhard (St.Nr. 79).

90 Sebastian Wenck
- I. a) 1519 S *Sebastianus Wenck de Fach* in Erfurt[590].
- b) 1521 F *Sebastianus Wenck ex Vach* Bakkalar in Erfurt[591].
- c) Von Georg Witzel (St.Nr. 85) als Mitstudent genannt.
- II. a) 1527 Bürger und Hochzeit, 1539 Bürger und Brauer[592]. 1545/46 als wehrfähig gemustert[593].
- b) 1490 Sebastian Wenck (St.Nr. 63). 1516 Bruder(?) Burghard Wenck (St.Nr. 84). 1528 Bürgermeister Hans Wenck. 1538 Bürgermeister Heinz Wenck[594].

91 Georg Wolfart
- I. a) 1519 W *Georgius Walfurcht de Phach maguntinen. 7 die Aprilis* in Wittenberg[595].
- b) 1521 Juli 20 *Georius Walffardt de Vach* Bakkalar in Wittenberg[596].

II. a) 1503 in Vacha geboren. 1539/1545 evangelischer Pfarrer in Kreuzberg (Philippsthal)[597]. Als Pfarrer 1545 Juli 3 in Vacha durch den Abt von Fulda präsentiert [598]. Wolfart beschwert sich 1563 über den fuldischen Keller wegen Entzugs einiger Zinsen[599]. 1572 vor Okt. 13 bittet er darum aus dem Pfarramt ausscheiden zu dürfen[600]. 1572 Okt. 13 wird sein gleichnamiger Sohn zum Nachfolger bestimmt[601]. 1577 vor Juli 22 verstorben[602].

b) 1484 Bürger *Anders Wolffeilt* und Neubürger *Heintz Wolffeilt*. 1497 Bürger *Henn Wolffeilt*, Vormund der Gottesherberge. 1527 Bürger *Hanns Wolffeltt*. 1539 die Bürger *Hanns Walfert* und *Sebastian Walfart*[603].

92 Jakob Franck

I. a) 1520 *Jacobus Franck de Vach* in Erfurt[604].

b) 1521 H *Jacobus Frangk de Vach* Bakkalar in Erfurt[605].

c) 1520 wie 1521 nachfolgend Konrad und Nikolaus Walich aus Salzungen. Von Georg Witzel (St.Nr. 85) als Mitstudent genannt[606].

II. a) 1527 Bürger *Jacob Franck*, Hochzeit[607]. 1537 Juni 17 übergibt Jacob Franck, fuldischer Kanzleischreiber, sein Haus welches zu der *vicaria S. Viti in der pfarkirchen zu Vach* gehört, der Kaplanei zu Vacha[608]. 1537 Okt. 11 bittet er den Pfarrer Georg Ruppel zu Vacha, ihm eine Kopie der Verschreibung über das Korn zu Berka zu schicken[609]. 1539 Bürger *Jacob Franck, 19 gn. von seinem Erbe. Demselben - so itzunt zu Fulda wonhafftig ist, von der Vicarie Viti bezalt 4 Schogk.* In Fulda war er *Cantzley-procurator*[610]. 1551 bittet er als Fuldaer Bürger den Abt, seinem Sohn Sebastian die Marienvikarie in Vacha zu verleihen, damit dieser sein Studium fortsetzen könne[611].

b) 1454 Johannes Franck (St.Nr. 34). 1473 Johannes Franck (St.Nr. 50). 1527 Hausbesitzer *Hartung Franck* und *Kethen Francken*. Herr *Fridrich Franckenn bezalt die Zins vom altar Katharine*[612].

Anmerkungen

1. Wegner 1977, S. 27.
2. Görk 1922, S. 59f.
3. Goller 1970.
4. Küther/Goller 1971, S. 143ff.
5. Leinweber 1972 (Tabellen im Anhang).
6. Merz 1993, S. 241ff. (Tab. 4).
7. Weissenborn 1976.
8. Görk 1922, S. 59f; Goller 1970; Küther/Goller 1971, S. 143.
9. Leinweber (1972) bietet zwischen 1451 – 60 insgesamt nur sechs Vachaer Studenten (Anhang, Übersicht/Tabelle II), obwohl allein Erfurt zu dieser Zeit mindestens neun aufzuweisen hat! Für Wien 1421–1430 und Rostock 1501–1510 nennt Leinweber keine Studenten (Tabelle I). Mit Nikolaus Piscatoris (St.Nr. 23) und Hans Fischer (St.Nr. 76) ist Vacha dort aber jeweils einmal vertreten.
10. Köstlin 1887.
11. Kleineidam 1964.
12. Schwinges/Wriedt 1995.
13. Ditzel 2008, S. 64f.
14. Ebd, S. 25ff.
15. Leinweber 1972, Karte II.
16. Kratz 1997, S. 211ff; vgl. Ditzel 2008, S. 15f.
17. Grossart 1914, S. 57.
18. Küther/Goller 1971, S. 41.
19. Ditzel 2004, S. 13ff.
20. Ebd, S. 98ff.
21. Ebd, S. 113ff.
22. Ebd, S. 68ff; Leinweber 1972, S. 118f.
23. Ditzel 1991, S. 34ff.
24. Georg Wolfart (St.Nr. 91) war 1519 bei seiner Immatrikulation in Wittenberg im gleichen Alter.
25. Trusen 1957, S. 10.
26. Abe 1957, S. 185f. Anm. 17.
27. Ihre Anwesenheit könnte auf den Umstand zurückgeführt werden, dass in Erfurt ab Mitte des 14. Jh. wohl ein Generalstudium des Ordens bestanden hat (Lorenz 2007, S. 146).
28. Ditzel 1998, S. 87ff.
29. Schwinges 1986, S. 456f.
30. *Register und Rechnung über die Beneficia und Stipendia den studirenten Bürgers Söhnen zu Vacha verordnet* (Stadtarchiv Vacha, Altbestand Sign. 1460). Der Jahrgang 1625 bei Sippel 1982, S. 192f.
31. Schwinges 1986, S. 258, 457.
32. Leinweber 1972, S. 36.
33. Dabei wurden längst nicht alle Studenten ausfindig gemacht, wie das Beispiel Vacha zeigt (vgl. oben Anm. 9).
34. Leinweber 1972, vgl. Tabelle I.
35. Auch aus Hersfeld waren im Zeitraum bis 1485 nur fünf Studenten in Leipzig – dagegen 112 in Erfurt (Görlich 1969, Nr. 19, S. 76).
36. Schwinges 1986, S. 456f.
37. Doelle 1924, S. 90f.
38. In Klammer gesetzte Einschreibungen sind Vacha nicht sicher zuzuordnen.
39. Schwinges 1986, S. 23.
40. Vgl. unten Tabelle II. Schwinges/Wriedt (1995, S. 191) zeigen den Erfurter Wendepunkt ebenfalls auf, ohne jedoch einen zwingenden Zusammenhang mit der Mainzer-Gründung herzustellen. Gerade dies liegt nahe, schließlich führt Erfurt nicht zufällig das Mainzer Rad im Wappen. Die engen weltlichen wie kirchlichen Bindungen großer Teile Thüringens und Hessens an Mainz zogen sicher auch von hier zahlreiche Studenten an.
41. Hünfelder sind um 1480 verstärkt in Leipzig zu finden.
42. Ditzel 2008, S. 9 Anm. 17.
43. Mainz gehörte vor der Reformation ohne Zweifel zu den beliebtesten Universitäten der Hessen. Ein nordhessisches Stipendium zählt 1517 die gängi-

gen Studienorte auf - *Undt zum ersten soll man einen studenten zu Erffurt, Leipsig, Mentz oder in andern universiteten ... sieben jahrlang halten* (Wegner 1977, S. 73f.). Damit rangiert Mainz hier noch vor Wittenberg!

44 Merz 1993, S. 242.
45 Die bei Wirczburg 2011 von mir ins Spiel gebrachte Gleichsetzung mit dem 1464 in Leipzig eingeschriebenen *Hinricus Wirtczburger* geht wohl fehl (Ditzel 2011, S. 75ff.). Bei diesem handelt es sich wahrscheinlich um ein Mitglied der niederadeligen Familie derer von Würzburg (freundlicher Hinweis durch Rainer Axmann/Coburg, Brief vom 21.11.2011).
46 Untermauert wird dies durch die Verbindungen zwischen der Familie Witzel und dem Orden ab 1440 (siehe unten).
47 Zu ihm bei seinem Sohn Eberhard (St.Nr. 79).
48 Bei dieser Tabelle galt es den Vergleich zwischen den Städten nicht zu verzerren. Die Studenten der anderen Orte waren nur durch ihre Herkunftsbezeichnungen erfassbar. Jene Vachaer, welche nach der chronologischen Auflistung der *ersten Reihe* (z.B. St.Nr. 28 im Gegensatz zu St.Nr. 31a) zugeordnet, – aber nicht eindeutig *de Vach* gekennzeichnet waren, sind hier in die *zweite Reihe* gerückt, also in Klammer gesetzt (z. B. Johannes Truter 1442 [St.Nr. 27]).
49 Im. = Immatrikulation; Ba. = Bakkalaureat.
50 Schon 1474 hat sich in Erfurt ein *Ludwicus von der Tanne de Kreienberg* mit der Angabe seines Wohnortes, der Krayenburg, immatrikuliert (Weissenborn 1976, S. 356/48).
51 Auf der Erhard Etzlaub zugeschriebenen Landstraßenkarte - *Das sein dy lantstrassen durch das Romisch reych...* von 1501 ist es erstmals eingezeichnet. Bis zur Mitte des 16. Jh.

findet man *Fach* auf zahlreichen Karten, die große Teile Europas zeigen (Kupcik, 1992, S. 55, 123; Kupcik 1995, Nr. 2, 4, 5, 75; vgl. Ditzel 2000, S. 68).
52 (Klein-)Vach hatte z. B. 1585 ganze elf Haushaltungen (Reimer 1974, S. 479f.), was etwa 50 Einwohnern entsprach (Ditzel 2011, S. 73).
53 Weissenborn 1976, S. 291/20; Schwinges/Wried 1995, S. 134.
54 Weissenborn 1976, S. 140/38, 217, 320/34.
55 Vgl. Eulenburg 1904, S. 16.
56 HStA München, Rothenburg RU 897. Dieser, wie weitere Studenten ohne Familiennamen könnten auch einer gleichnamigen Adelsfamilie aus (Klein-)Vach angehören, – eine Nebenlinie derer von Netra. Küther/Goller (1971, S. 58ff.) zählen letztmalig 1366 Mitglieder der Familie auf.
57 Zumkeller 1967, Nr. 938.
58 Bereits 1381 Jan. 13 Priester (Küther/Goller 1971, S. 107).
59 Mötsch 1999, S. 136 A 348; vgl. unten Anm. 127.
60 Küther/Goller 1971, S. 108.
61 Staatsarchiv Wertheim G-Rep. 14 Lade XX Nr. 50; Engel 1959, Nr. 117. Notar *Hans Wurffel von Vache* ist noch 1422 Febr. 7 in Wertheim (Staatsarchiv Ludwigsburg JL 425 Bd. 20 Qu. 174).
62 Leinweber, Neuenberg. Friedrich Bingel wird 1405 November 3 als Bruder des Heinrich Bingel (St.Nr. 6) genannt (ebd.).
63 Ders. 1982, S. 321.
64 Küther/Goller 1971, S. 108.
65 Ebd. S. 109. Vgl. Johannes Deutscher (St.Nr. 30).
66 Staatsarchiv Wertheim G-Rep. 100 UN 1429 Sept. 26.
67 HStAMarburg, Best. Urk. 77 Nr. 1006; Leinweber 1982, S. 325ff.
68 Küther/Goller 1971, S. 109.
69 HStADarmstadt Best. A 2 Nr. 255/1408.

70 Küther/Goller 1971, S. 109.
71 Ebd.
72 Ebd, S. 187.
73 Rep. Germ. Pius II. 1993, Nr. 2065.
74 Küther/Goller 1971, S. 110.
75 Leinweber, Pfarreien.
76 Ebd. Vorgänger des Georg Regis/König (St.Nr. 62).
77 Küther/Goller 1971, S. 110; Bünz 2005, S. 246 Nr. 2171/2177.
78 Hütteroth 1953, S. 289.
79 Küther/Goller 1971, S. 111.
80 Ebd, S. 75f., 86, 111.
81 Ebd, S. 82.
82 Ebd, S. 109.
83 Küther/Goller führen ihn gleichzeitig unter den Servitenmönchen auf (ebd, S. 109, 189).
84 1483 Februar 10 ist Heinrich Zierenberg von Vach Provinzial des Servitenordens (ebd, S. 185ff.).
85 Als Angehöriger des Servitenkonvents zu Halle schon 1483 Febr. 10 mit diesem Titel (ebd, S. 190).
86 Leinweber, Pfarreien.
87 Heinemeyer 1971, S. 113; vgl. Schäfer 1927, S. 1ff.
88 Küther/Goller 1971, S. 107.
89 Ebd.
90 Ebd.
91 Ebd, S. 110. Goller (1970) nennt ihn schon 1458, allerdings ohne sichere Einordnung als Schulmeister. Die Familie erscheint in der Stadtrechnung von 1484 nicht, 1497 ein *Cort Weber* (Goller 1965 R, S. 33).
92 Unter den städtischen Ausgaben: *Item Johann Francken, dem Schulmeister, vor korn 1 gulden,* (macht) *2 schog 3 behm* (Goller 1965 R, S. 24).
93 *Item 6 behm 2 gn vor 1 kan wyns und dinggelt, als wir* (der Rat) *Martinum Gopel tzum schulmeister uffnamen.* An anderer Stelle: *Martino Gopel, ... Schulmeister und Kirchener* (Landesarchiv Thüringen – Hauptstaatsarchiv Weimar, Stadtarchiv Vacha, Nr. 8; Goller 1965 R, S. 45, 47). Vgl. Dietmann 2018, S. 100, 131, 143f., 151.
94 Notar und Lehrer: – *vffenbard Notarino disezcit Schulmeistere zcu Vach* (Landesarchiv Thüringen – Hauptstaatsarchiv Weimar, Urkunde).
95 *Zu urkunde hab ich, Georgius Konig* (St.Nr. 62), *in gegen der ersamen Caspar Kent und Johann Hapffen, Schulmeisters unnd lerers zu Vach, gedachten bistumbs clerici ...* (Goller 1969, Nr. 16).
96 Henze 1995, S. 16 Anm. 91. Nach seinen Schulbesuchen in Vacha, Schmalkalden, Eisenach und Halle war Witzel – *bis ynn mein neunzehends iar / ynn welchem ich ynn meiner geburt stadt der Pfarr schulmeister worden / unter M. Regio* (Georg König – St.Nr. 62).
97 *Item Gangolffen, dem Schulmeister, vor sinenn benampten Lohn bezalt 12 schogk* (Landesarchiv Thüringen – Hauptstaatsarchiv Weimar, Stadtarchiv Vacha, Nr. 9; Goller 1965 R, S 72). *6 gnackenn vor ein kann wein, do man er* (Herrn) *Gangolffen zu einem Schulmeister gedingt* (Goller 1965 R, S. 75). Unter der Rechnungsrubrik der städtischen Diener: *3 gnackenn Gangolffenn, dem Schulmeister, zu Dingeld* (Vertragsgeld, ebd, S. 86).
98 Datiert zu 1365 Mai 6 bei Küther/Goller 1971, S. 102, 208ff. Zum gleichen Vorgang ist noch eine Urkunde von 1365 Mai 17 (ebd, S. 213ff.) in Latein überliefert. Dort werden Schulleiter und Schüler genannt: *... facultatem rectorem quoque et scolares visitandi scolas ...* .
99 Vgl. Dietmann 2018, S. 99f.
100 Küther/Goller 1971, S. 98ff.
101 Fritzlar hatte im Mittelalter bestenfalls etwa 1000 Einwohner (Heldmann 1927, S. 365) – ähnlich wie Vacha (vgl. oben).
102 Rep. Germ. Martin V. 1991, S. 928.
103 Hütteroth 1953, S. 88.
104 Ditzel 2004, S, 26, 66; Abt Reinhard ruft 1467 die Bewohner des Fuldaer Landes auf, zum Wiederaufbau der

105 Pfarrkirche beizutragen (Goller 1969, Nachtrag. Nr. 9; Ditzel 2004, S. 47f.).
105 Goller 1965 R, S. 21.
106 Sippel 1982, S. 199.
107 Vacha, Kirchplatz Nr. 3.
108 Goller 1970.
109 Wenn nicht anders erläutert, beziehen sich die Angaben auf ein Artistenstudium.
110 Monumenta Pragensis 1830, S. 209.
111 Gall/Szaivart 1956, S. 13. Der Ortsname findet sich in Wien nur bei zwei Studenten (St.Nr. 2, 3). Im Register ist er dort zu Vac[s,z]/Waitzen gestellt. Die nahe ungarische Stadt kommt sonst nur in anderer Schreibweise vor – 1385, 1399, 1408, 1420, und 1435 als *Wacia*; 1410 *Vacia*; 1418, 1427 und 1445 als *Baczia/Bachia*. Eine Zuordnung nach Vacha erscheint damit schon nicht mehr so abwegig. Um 1400 sind zudem zahlreiche Hessen in Wien, z. B. aus Treysa, Schmalkalden, Hersfeld oder Sontra (Wegner 1977, S. 19 Anm. 47). In Wien 1430 auch Nikolaus Piscatoris de Fach (St.Nr. 23). Auffallend ist, dass W*ach* besonders von Schreibern entfernter Kanzleien gebraucht wird. Noch heute haben von weither angereiste Besucher oft Schwierigkeiten, den Namen *Vacha* richtig – also mit hartem Anlaut [f] – auszusprechen. Die Form *Wach* kommt aber immer wieder vor: 1239 *Wacch*, 1357 *Wache* (Goller 1965 UB, Nr. 13, 55). In den Matrikeln findet man die Variante bis in die frühe Neuzeit (St.Nr. 4, 16, 65, 73, 74). In Mainz 1427 den Schüler *Guntherus Currificis de Wach* (siehe oben).
112 Gall/Szaivart 1956, S. 13.
113 Monumenta Pragensis 1830, S. 229, Ortsnamensvariante vgl. St.Nr. 2.
114 Ebd, S. 257.
115 Ebd, S. 269.
116 Monumenta Pragensis 1834, S. 16, Stölzel 1875, S. 10.
117 Weissenborn 1976, S. 41/22.
118 Luckhard 1963, S. 58 Nr. 193; Leinweber, Neuenberg.
119 Goller 1965 UB , Nr. 74.
120 Mötsch 1999, S. 129 Nr. A 329.
121 Küther 1961, S. 183.
122 Leinweber, Neuenberg.
123 Ebd.
124 Ebd.
125 Küther/Goller 1971, S. 108.
126 Leinweber, Neuenberg.
127 Weissenborn 1976, S. 52/33. Die Variante B[Ph]ach kommt später häufig vor (St.Nr. 11, 26a, 66, 81, 83).
128 Leinweber, Pfarreien.
129 Rep. Germ. Martin V. 1991, S. 3676.
130 Goller 1965 UB, Nr. 78.
131 Becker 1911, S. 53.
132 Toepke 1884, S. 78; Küther/Goller 1971, S. 143.
133 Weissenborn 1976, S. 67/39.
134 Küther/Goller 1971, S. 146.
135 Weissenborn 1976, S. 84/25. Allgemein scheinen Namen wie *Salzungen* auch ohne das fehlende *de* als Ortsnamen zu gelten. In diesem Fall gibt es aber gute Gründe einen Familiennamen anzunehmen. Schon Küther/Goller (1971, S. 144) hatten ihn für einen gleichnamigen Vachaer Serviten beansprucht, der von 1447 Mai 9 bis 1461 Mai 31 genannt wird. Der Name (*von*) *Salzungen* tritt als einer der ältesten Vachas überhaupt in Erscheinung: 1302 Juli 10 tauscht ein Heinrich von S. Güter vor der Stadt (HStAMarburg, Best. Urk. 77 Petersberg), ohne ausdrücklich als Bürger erwähnt zu werden. Erstmals ist dies bei Andreas S. der Fall, welcher 1330 Jan. 11 eine Verschreibung aus der Steuer erhält (Küther/Goller 1971, S. 50). 1374 Juni 6 verkauft der Bürger Heinrich von S. sein Gut zu Niederalba (Luckhard 1963, S. 58 Nr. 193; Leinweber, Neuenberg) und 1378 Febr. 22 seine Güter zu (Unter-)breizbach und Pferdsdorf. 1409 Aug. 14 verzichtet dessen Tochter Angelika auf ihr Rückkaufsrecht an dem Gut zu Niederalba (Leinweber, Pfarrei-

en). Interessanterweise erscheint 1404 in Prag *Henricus Salczingen* (Monumenta Pragensis 1830, S. 381).
136 Küther/Goller 1971, S. 189.
137 Weissenborn 1976, S. 90/17. Vielleicht identisch mit Johannes Vach (St.Nr. 10). Die Familie Murhard, ursprünglich Mushart (Knetsch, 1932, S. 33f.), ist seit dem 14. Jh. in Vacha etabliert (vgl. Konrad M. - St.Nr. 20). Ein gleichnamiger Student 1427 in Erfurt (St.Nr. 21).
138 Vgl. Schwinges/Wriedt 1995, S. XX.
139 Ebd, S. 18. Vielleicht identisch mit Johannes Salzungen oder Johannes Murhard (St.Nr. 9a, 9b).
140 Weissenborn, Erfurter, S. 101/22. Die Variante *B[Ph]ach* schon 1398 bei Heinrich Bitanz (St.Nr. 7). Auch später häufig.
141 Goller 1965 R, S. 16.
142 Goller 1965 UB, Nr. 102.
143 Weissenborn 1976, S. 101/23.
144 Ebd, S. 113/21.
145 Schwinges/Wriedt 1995, S. 27 Nr. 16.
146 Weissenborn 1976, S. 101/10.
147 Goller 1965 UB, Nr. 78. Das Ehepaar erscheint nochmals (vor) 1425 Juni 23 (ebd, Nr. 96).
148 Diese beiden sind die einzigen Träger des Namens in der Erfurter Matrikel (Weissenborn 1976, Register).
149 Weissenborn 1976, S. 111/34.
150 HStAMarburg, Best. Urk. 80 Nr. 482.
151 HStAMarburg, Best. Urk. 57 Nr. 680.
152 Weissenborn 1976, S. 112/7.
153 Küther/Goller 1971, S. 234.
154 Toepke 1884, S. 147; Variante vgl. St.Nr. 2.
155 Ebd, Anm. 4.
156 HHStAWiesbaden Best. 40 Nr. U 770.
157 Küther 1961, S. 191.
158 Goller 1965 R, S. 9.
159 Rep. Germ. Pius II. 1993, Nr. 2065. (vgl. oben).
160 Goller 1965 R, S. 30.
161 Toepke 1884, S. 157.
162 Goller 1965 R, S. 16.
163 Schwinges/Wriedt 1995, S. 34 Nr. 15.
164 Weissenborn 1976, S. 132/10.
165 Erst beim zweiten Vornamensgleichen Studenten aus Fulda sah sich der Schreiber genötigt den Familiennamen zu erwähnen. Ein anschauliches Beispiel dafür, dass *Vach* hier als Herkunftsort zu verstehen ist.
166 Weissenborn 1976, S. 140/39.
167 Ebd, S. 151/32.
168 Schwinges/Wriedt 1995, S. 44 Nr. 4.
169 HStAM StadtA HEF Best. A1 Nr. 174, 217; Knetsch 1932, Nr. 10.
170 Knetsch 1932, Nr. 1.
171 Ebd, Nr. 7.
172 Weissenborn 1976, S. 140/38. Er stammt möglicherweise aus Vacha – bzw. aus dem Amtsort Räsa.
173 Küther/Goller 1971, S. 222.
174 Ebd, S. 236, 241.
175 Weissenborn 1976, S. 140/40.
176 HStAMarburg StadtA HEF, Best. A1 Nr. 197; Knetsch 1932, Nr. 9.
177 HStAMarburg StadtA HEF Best. A1 Nr. 155, 164; Knetsch 1932. Nr. 9.
178 Rep. Germ. Martin V. 1991, S. 232f; Küther/Goller 1971, S. 109.
179 Küther/Goller 1971, S. 108f.
180 Gall/Szaivart 1956, S. 169.
181 HStAMarburg, Best Urk. 57 Nr. 561.
182 Küther/Goller 1971, S. 208.
183 HStAMarburg, Best. Urk. 77 Nr. 140.
184 Küther/Goller 1971, S. 234, 236.
185 Goller 1965 UB, Nr. 114.
186 Weissenborn 1976, S. 154/43.
187 Küther 1961, S. 213.
188 Mötsch 1999, S. 155f. Nr. A 396. Der Rückvermerk: *Ablosungk zu Fach* verweist auf einen Käufer aus Vacha.
189 Küther 1961, S. 130.
190 Goller 1970.
191 Ders. 1965 R, S. 19.
192 Weissenborn 1976, S. 171/23.
193 HStAMarburg, Best Urk. 57 Nr. 612.
194 Weissenborn 1976, S. 172/33.
195 Küther 1961, S. 206.
196 Ebd, S. 214.
197 Küther/Goller 1971, S. 85.
198 Keussen 1892, S. 298. Die Variante

schon bei Heinrich Bitanz 1398 (St.Nr. 7) und Heinrich Spangenberg 1414 (St.Nr. 11).
199 Erler 1895, S. 183/50.
200 Letzterer könnte aus Mansbach bei Vacha bzw. aus der gleichnamigen Familie stammen. Hans von Mansbach und die von Buchenau bewohnten 1393 März 1 benachbarte Häuser in Vacha (HStAMarburg, Best. Urk. 77 Nr. 140). 1418 Dez. 8 hatte Berthold von Mansbach ein Gut bei Vacha (Küther/Goller 1971, S. 228).
201 Weissenborn 1976, S. 189/34.
202 Ebd, S. 195/46. Vgl. die Studenten (Nr. 28, 29).
203 Monumenta Ordinis Servorum Sanctae Mariae Bd. I 1897, S. 134.
204 HStAMarburg, Best. Urk. 77 Nr. 140.
205 Goller 1965 UB, Nr. 106.
206 Weissenborn 1976, S. 189/36.
207 Ebd, S. 195/46. Vgl. die Studenten (Nr. 27, 29).
208 Küther/Goller 1971, S. 185.
209 Ebd, S. 185f.
210 Ditzel 2011, S. 66 Anm. 41.
211 Küther/Goller, S. 185f, 257.
212 Goller 1965 R, S. 16.
213 Weissenborn 1976, S. 189/38.
214 Ebd, S. 195/46. Vgl. die Studenten (Nr. 27, 28).
215 Küther/Goller 1971, S. 241, 243.
216 Ebd, S. 256.
217 Ditzel 1998, S. 85.
218 Goller 1965 UB, Nr. 66.
219 Ebd, Nr. 96.
220 Erler 1895, S. 138/31.
221 Küther/Goller, Vacha, S. 145, 187, 189.
222 Rep. Germ. Pius II. 1993, Nr. 2711.
223 Goller 1965 R, S. 23.
224 Goller 1965 UB, Nr. 78, 91, 97.
225 Weissenborn 1976, S. 191/39.
226 Ebd, S. 196/35. Die Namensform *Bache* ähnelt *Vache* (vgl. St.Nr. 1, 6, 7, 14, 42, 55, 83); siehe auch die Varianten B[Ph]ach (vgl. St.Nr. 7).
227 Weissenborn 1976, S. 204/37.
228 Schwinges/Wriedt 1995, S. 97 Nr. 1.
229 Kleineidam 1964, S. 374, Nr. 461.
230 Demandt 1981, S. 112f. Nr. 370.
231 Weissenborn 1976, S. 211/12. Vgl. St.Nr. 41a, 46a, 47a.
232 Weissenborn 1976, S. 227/32. Die Erfurter Matrikel der Rektorate Winter 1451 und Sommer 1452 sind fast durchweg ohne Herkunftsorte überliefert. In vielen Fällen wird der vermeintliche Familienname sicher als Heimatort anzusprechen sein. Dies würde die auffallenden Lücke der Vachaer Studenten zwischen 1445 und 1454 mit erklären.
233 Weissenborn 1976, S. 232/34.
234 Hofmeister 1889, S. 95. Im Register ist die Namensform *Gach* mit der niederrheinischen Stadt Goch gleichgesetzt, die sonst in Rostock nicht vertreten ist. Die in Erfurt 1443/1444 genannten Theodericus Ludolphi de Goch[Gach] und Wilhelmus Moße de Gach (Weissenborn 1976, S. 200/7) dürften dagegen sicher Goch zuzuordnen sein. Dort werden außerdem zu 1395 H Johannes de Goch, 1398 S Rudgerus de Dyck de Goch, 1404 S Henricus Medel de Goch und 1430 S Johannes Monse de Goch immatrikuliert (ebd, S. 45/32, 52/32, 70/40, 148/12).
235 Weissenborn 1976, S. 239/31. Die (Orts-?)Namensform klingt an die Variante *Wach* an (vgl. St.Nr. 2).
236 Ebd, S. 241/38.
237 Küther/Goller 1971, S. 190, 259.
238 Ebd, S. 262.
239 Ebd, S. 188.
240 Ebd, S. 189.
241 Goller 1965 R, S. 15.
242 Weissenborn 1976, S. 242/4.
243 Goller 1965 R, S. 24.
244 Goller 1970.
245 Küther/Goller 1971, S. 261.
246 Bünz 2005, S. 247 Nr. 2184.
247 HStAMarburg, Fuldaer Kopialbuch XIV, Nr. 87; Küther/Goller 1971, S. 110. Nicht sicher von St.Nr. 50 zu unterscheiden.
248 Küther/Goller 1971, S. 156, 217.

[249] Goller 1965 R, S.16ff.
[250] Ebd, S. 34, 52.
[251] Weissenborn 1976, S. 242/12.
[252] Ebd, S. 250/24.
[253] Leinweber, Pfarreien.
[254] HStAMarburg, Best. Urk. 77 Nr. 140.
[255] Küther/Goller 1971, S. 234.
[256] Goller 1965 R, S. 18f.
[257] Weissenborn 1976, S. 242/26. Namensgleicher Servit 1442 (St.Nr. 27).
[258] Bünz 2005 S. 247 Nr. 2180.
[259] Weissenborn 1976, S. 243/37.
[260] Ebd, S. 279/6.
[261] Schwinges/Wriedt 1995, S. 117 Nr. 33.
[262] Leinweber, Pfarreien.
[263] Goller 1965 R, S. 46.
[264] Ebd, S. 48.
[265] Wohl ein Bewohner vom Luttershof oder Friedrichrode/wüst südlich Vacha (Küther/Goller 1971, S. 229).
[266] Weissenborn 1976, S. 249/42; vgl. Schwinges/Wriedt 1995, S. 106.
[267] Weissenborn 1976, S. 266/16.
[268] Schwinges/Wriedt 1995, S. 106 Nr. 15.
[269] ... an der obern Badestuben (HStAMarburg, Best. Urk. 77 Nr. 140).
[270] Goller 1965 UB, Nr. 161.
[271] Ders. 1969, Nr. 6.
[272] Ders. 1965 R, S. 62.
[273] Weissenborn 1976, S. 258/41.
[274] Schwinges/Wriedt 1995, S. 114 Nr. 11.
[275] Knetsch 1932, Nr. 14.
[276] Demandt 1981, S. 591 Nr. 2110.
[277] Knetsch 1932, Nr. 11; Küther/Goller 1971, S. 66. Bei Demandt (1981, S. 590 Nr. 2109) wird zu 1464/65 eine Ursula als Frau des Heinrich genannt.
[278] Weissenborn 1976, S. 280/32.
[279] Ebd, S. 280/33.
[280] Goller 1965 R, S. 16, 18, 36.
[281] Weissenborn 1976, S. 295/37. Vgl. Siegfried Flach (St.Nr. 32a). Vielleicht wurde der falsche(?) Ortsname bis zum Bakkalarsexamen übertragen. Hier lässt sich nur sehr schwer entscheiden, ob eine Verschreibung vorliegt oder Schwinges/Wriedt (1995) mit der Einordnung bei den Flacht-Orten recht haben. Die 1484 einsetzenden Stadtrechnungen (Goller 1965 R) nennen den Familiennamen nicht. Davor sind von den ansässigen Bürgern bestenfalls ein Viertel namentlich bekannt.
[282] Weissenborn 1976, S. 313/36.
[283] Schwinges/Wriedt 1995, S. 139 Nr. 32.
[284] Weissenborn 1976, S. 304/17.
[285] Ebd, S. 313/39.
[286] Schwinges/Wriedt 1995, S. 139 Nr. 33.
[287] Kleineidam 1964, S. 378 Nr. 625.
[288] Goller 1965 R, S. 16.
[289] Weissenborn 1976, S. 311/20.
[290] Keussen 1919, S. 363.
[291] Küther 1961, S. 207. Nachfolgend *Schüßlers mait zcü Vache.*
[292] Goller 1965 R, S. 7, 20, 38.
[293] Weissenborn 1976, S. 314/10.
[294] Goller 1965 R, S. 20.
[295] Ditzel 2005 BBKL 24, Spalte 964ff.
[296] Weissenborn 1976, S. 314/14.
[297] Schwinges/Wriedt 1995, S. 155 Nr. 46.
[298] Küther/Goller 1971, S. 257 Nr. 108, S. 261 Nr. 118.
[299] Herbers/Plötz 2004, S. 36, 104.
[300] VD16, K 2539-K 2542; Herbers/Plötz 2004, S. 26ff; Ditzel 2011, S. 65f.
[301] Küther 1961, S. 210.
[302] Küther/Goller 1971, S. 246f.
[303] Goller 1965 R, S. 15f., 34.
[304] Weissenborn 1976, S. 319/16.
[305] Ebd, S. 334/25.
[306] Schwinges/Wriedt 1995, S. 158 Nr. 67.
[307] Andrian-Werburg 1977, Nr. 1806.
[308] Küther/Goller 1971, S. 274 Nr. 147.
[309] Weissenborn 1976, S. 330/31.
[310] Schwinges/Wriedt 1995, S. 163 Nr. 18. Die Einordnung bei den Flacht-Orten (ebd, Register) ist hier weniger zwingend als bei Jakob Kapphan de Flacht 1462 (St.Nr. 41a) oder Heinrich Pistoris de Placht (St.Nr. 47a). Bernhard Geißler de Flach 1508 (St.Nr. 77) kann relativ sicher Vacha zugewiesen werden.
[311] Weissenborn 1976, S. 338/13.
[312] Schwinges/Wriedt 1995, S. 170 Nr. 29.
[313] Knetsch 1932, Nr. 15.

314 Goller 1965 R, S. 21, 22.
315 Demandt 1981, S. 590 Nr. 2108. Küther/Goller geben als Todesjahr *vor 1518* an (1971, S. 313).
316 Goller 1965 R, S. 41.
317 Rosenkranz 1982, S. 25 Tafel III.
318 Weissenborn 1976, S. 338/48.
319 Schwinges/Wriedt 1995, S. 170 Nr. 30.
320 Die ältesten Nachweise des Namens deuten auf eine Bäckerei/Backstätte. In der Stadtrechnung 1484 – *Item vor dy brot wage, der Boxstetten gewest.* 1497 *Jakob Baxstat* (Goller 1965 R, S. 28, 33, 49).
321 Pölnitz 1937, S. 29/42.
322 Küther 1961, S. 165.
323 Goller 1965 UB, Nr. 70.
324 HStAMarburg, Best. Urk. 77 Nr. 140.
325 Küther/Goller 1971, S. 246f.
326 Weissenborn 1976, S. 351/39.
327 Goller 1965 R, S. 18.
328 Weissenborn 1976, S. 352/35.
329 Ebd, S. 365/17.
330 Schwinges/Wriedt 1995, S. 184 Nr. 12.
331 Weissenborn 1976, S. 352/43.
332 Bünz 2005, S. 247 Nr. 2184.
333 Andernacht 1978, S. 231.
334 Goller 1965 R, S. 15.
335 Weissenborn 1976, S. 352/44.
336 Ebd, S. 363/4.
337 Schwinges/Wriedt 1995, S. 183 Nr. 8.
338 Goller 1965 R, S. 23, 43.
339 Küther 1961, S. 286, 294.
340 Weissenborn 1976, S. 353/2.
341 Ebd, S. 361/30.
342 Schwinges/Wriedt 1995, S. 181 Nr. 30.
343 Leinweber, Pfarreien.
344 Küther/Goller 1971, S. 112.
345 Leinweber, Pfarreien.
346 Küther/Goller 1971, S. 189, 235.
347 Goller 1965 R, S. 13, 15.
348 Weissenborn 1976, S. 356/43.
349 Siehe Anm. 48.
350 Goller 1965 R, S. 49.
351 Ebd, S. 21.
352 Weissenborn 1976, S. 358/27.
353 Goller 1965 R, S. 38.
354 Küther/Goller 1971, S. 66.
355 HStAMarburg, Best. Urk. 77 Nr. 140.
356 Goller 1965 UB, Nr. 91.
357 Küther/Goller 1971, S. 109.
358 Goller 1965 R, S. 16ff.
359 Weissenborn 1976, S. 363/16. Die Variante wird gestützt durch die Benennung von Vachdorf als *Nachtorff* – 1464 S ebenfalls in Erfurt (Schwinges/Wriedt 1995, S. 134 Nr. 3, S. 482).
360 Goller 1970.
361 Goller 1965 R, S. 17, 36.
362 Weissenborn 1976, S. 380/39.
363 Ebd, S. 386/18; Küther/Goller 1971, S. 145.
364 Küther/Goller 1971, S. 257, 261, 267.
365 Weissenborn 1976, 392/35.
366 Hermelink 1906, S. 38. Die Variante schon 1398 und 1414 (St.Nr. 7, 11). Vielleicht verwandt mit dem 1507 in Rostock weilenden Mitstudenten von Hans Fischer (St.Nr. 76).
367 Goller 1965 R, S. 16, 35.
368 Weissenborn 1976, S. 395/40.
369 Küther/Goller 1971, S. 110.
370 Goller 1965 R, S. 66.
371 Ebd, S. 63, 93.
372 Weissenborn 1976, S. 405/39.
373 Schwinges/Wriedt 1995, S. 218 Nr. 8.
374 Kleineidam 1964, S. 386 Nr. 928.
375 Leinweber 1972, S. 141 Anm. 38.
376 HStAMarburg, Best. 301 Fremde Archive, Hessen-Philippsthal 011 1925/ 14, Nr. 38. Als Pfarrer zu Vacha bestätigt er den Verkauf einer Hofstatt an Rudolf von Weiblingen und Frau Osanna.
377 Goller 1969, Nr. 16.
378 Leinweber, Pfarreien.
379 Goller 1965 R, S. 45. Dort aber nicht als Bürger vermerkt.
380 Küther/Goller 1971, S. 110.
381 Goller 1969, Nr. 3; Küther/Goller 1971, S. 110.
382 Küther/Goller 1971, S. 110.
383 Goller 1969, Nr. 12.
384 Ebd, Nr. 16.
385 Henze 1995, S. 16 Anm. 91.
386 Weissenborn 1976, S. 435/6.
387 Ebd, S. 435/7.
388 Ebd, S. 435/8.

389 Schwinges/Wriedt 1995, S. 240 Nr. 7.
390 Goller 1965 R, S. 62, 76. Hier ist wohl eher an den gleichnamigen Student von 1519 zu denken (St.Nr. 90). Dieser erscheint dann auch 1539 als Bürger mit seinem Erbgut (Goller 1965 R, S. 92).
391 Ebd, S. 16.
392 Goller 1965 UB, Nr. 155.
393 Goller 1965 R, S. 34, 36.
394 HStAMarburg, Best. 92/455.
395 Goller 1965 R, S. 61ff.
396 Weissenborn IIIb 1976, S. 175/18.
397 Schwinges/Wriedt 1995, S. 260 Nr. 5.
398 Goller 1965 R, S. 18, 20, 36f.
399 Toepke 1884, S. 409. Der Name lässt sich wenige Kilometer nördlich Vacha feststellen. Vor 1506 in Berka/Werra der Pfarrer *Conradi Lindenloup* (Bünz 2005, S. 244 Nr. 2153). 1521 Nov. 12 *Hans Lingenlaub* in Berka/W. (Küther 1961, S. 346). Hans und Hartung Lindenlaub erhalten 1525 als Bauernkriegsteilnehmer in Berka je 13 Wochen Gefängnishaft (Humberg 1983, S. 552). 1543 *Gabriel Lingelaub* in Abteroda (Lamprecht 1987, S. 47). 1623 wird in der Gotteskastenrechnung zu Vacha ein *Lorentz Lindenlaub* aus Berka genannt (Pfarrarchiv Vacha).
400 Weissenborn IIIb 1976, S. 191/5. Die Variante schon bei dem Studenten Heinrich Bitanz (St.Nr. 7).
401 Goller 1965 R, S. 15.
402 Ders. 1965 UB, Nr. 155.
403 Goller 1965 R, S. 48.
404 Ders. 1969, Nr. 6.
405 Weissenborn IIIb 1976, S. 192/30. Der Ortsname scheint sich auf den ersten Blick nicht mit Vacha verbinden zu lassen. Der harte Konsonant [r] darf aber nicht irritieren. Das oft vorkommende *Vache* wird in der hiesigen Mundart ganz ähnlich wie *Phare* gesprochen. Eine vergleichbare Variante – *Varre* - schon 1455 bei Nikolaus Toppher (St.Nr. 35). Der Familienname Meyer ist in den Stadtrechnungen 1484 und 1497 (Goller 1965 R) nicht nachweisbar. Vielleicht ist er gleichzusetzen mit dem im Amtsdorf Sünna häufig vorkommenden Namen *Mey*. Im Jahr 1510 werden dort Adam u. Hans (2x), Jakob Mey genannt (Hennesen 1991, S. 256ff.).
406 Weissenborn IIIb 1976, S. 192/31 (vgl. St.Nr. 67).
407 Erler 1895, S. 427.
408 Weissenborn IIIb 1976, S. 209/42.
409 Schwinges/Wriedt 1995, S. 265 Nr. 18.
410 Goller 1965 R.
411 Goller 1969, Nr. 6.
412 HStAMarburg, Best. 92/455.
413 Pölnitz 1937, S. 272/43. Fachsen erinnert an Fachen (vgl. St.Nr. 72).
414 Goller 1965 UB, Nr. 120.
415 Leinweber, Pfarreien.
416 Bünz 2005, S. 246 Nr. 2172/2177; Küther/Goller 1971, S. 110. In den Stadtrechnungen kommt die Namensform nicht vor (Goller 1965 R).
417 Richter 1909, S. 118. Michael W. wird erstmals 1484 als Stadtschenk genannt. 1497 heiratet er seine zweite Frau Agnes (Goller 1965 R, S. 26, 50). In einem Brief von 1532 Juni 9 schreibt Georg W, dass der Vater das 70. Jahr überschritten habe (Richter 1909, S. 125; vgl. HStAM Best. 3 Nr. 2695, S. 112). Danach wurde er um 1460 geboren. Der erste Eheschluß dürfte um 1485 liegen. Dementsprechend wird Sohn Nikolaus um 1500 sein Studium aufgenommen haben. Da ihn die überlieferten Matrikel nicht nennen, käme Mainz in Frage. Vielleicht ist er auch mit *Nycolaus de Gych [Gach]* 1499 S in Erfurt identisch (Weissenborn IIIb 1976, S. 209/41).
418 ADB 1877, S. 505; vgl. Ditzel 2005 BBKL 25, Spalte 408f.
419 Letztendlich aber nicht zu belegen (Ditzel 2005 BBKL 25, Sp. 408; vgl. Schmidt/Ditzel Briefwechsel, S. 68). Bei der von Treu (1989, S. 68f.) erwogenen Gleichsetzung mit dem 1592(!) in Erfurt eingeschriebenen *Balthasar*

Fachäus de Weissensee handelt es sich um ein Versehen.
420 Förstemann 1976, S. 4.
421 Ebd, S. 4f; Abe 1958, Nr. 82, 86 ; Treu 1989, S. 69, 72; Ders. 1996, S. 355; Ders. 1998, S. 42; Bernstein 2014, S. 129f.
422 Köstlin 1887, S. 21 Anm. 2; Kathe 2002, S. 19.
423 Friedensburg 1917, S. 70; Ders. 1926, Nr. 17; Kathe 2002, S. 17.
424 Friedensburg 1926, Nr. 55, 57, 63; Muther 1961, S. 292.
425 Förstemann 1976, S. 69. Schon vor dem Eintreffen Melanchthons scheint F. maßgeblich auf eine Reform der Universität hingewirkt zu haben (Treu 1989, S. 83f; Ders. 1998, S. 45; Kathe 2002, S. 54).
426 Friedensburg 1926, Nr. 82.
427 Landesarchiv Thüringen – Hauptstaatsarchiv Weimar, Ernestinisches Gesamtarchiv, Reg. O. Brief.
428 Friedensburg 1926, Nr. 139.
429 Ebd, Nr. 145.
430 Köstlin 1888, S. 24.
431 Friedensburg 1926, Nr. 184.
432 Ebd, Nr. 209. Gleichfalls 1538 Okt. 19 (ebd, Nr. 212).
433 Landesarchiv Thüringen – Hauptstaatsarchiv Weimar, Ernestinisches Gesamtarchiv, Reg. O. 340 Bl. 4r.
434 HOC IN LIBELLO HAEC CONTINENTVR // Epistola Baltassaris Fabritii Phacchi ad Hermannum // Trebelium Isennachum. // Responsio Hermanni Trebelii ad Fabritium Phacchum. // Epigrammata Phacchi in Rheuterum. // Recriminatio Baltassaris Fabricii Phacchi in Eundem adversarium. // Subitaria & Tumultuaria aliquot Carmina Hermanni // Trebelii Isennachi (VD 16, F 493; Treu 1989, S. 70; Gößner 2006, S. 141; vgl. Schmidt/Ditzel, Briefwechsel, S. 74). Gedruckt zu Wittenberg durch Hermann Trebelius 1505 (Benzing 1953, Nr. 7) oder 1506 (Treu 1989, S. 71f. Anm. 19).
435 Krause 1885, S. 169 Nr. 133 (vgl. S. 139 Nr. 114).
436 Mohnike 1816, S. 268f, 432ff; Böcking 1859/1861 Bd. 3, S. 67. Ulrich von Hutten fühlte sich F. und Trebelius schon früh freundschaftlich verbunden (vgl. Benzing 1956, S. 1f, 26, 129).
437 Mohnike 1816, S. 432f; Treu 1996, S. 355; Zöllner 1998, S. 124.
438 Förstemann 1976, S. 4; Benzing 1956, S. 2, 26.
439 Böcking 1864, S. 199.
440 Gößner 2006, S. 148.
441 Böcking 1859/1861 Bd. 1, S. 26. XI. Der erste persönliche Brief von Hutten, der erhalten ist.
442 Luther (WABr I), Nr. 214 Anm. 13; vgl. Treu 1996, S. 356. Heß, später in Breslau, studierte von 1510–1513 in Wittenberg (Bautz 1990 BBKL, Sp. 784).
443 Luther (WABr I), Nr. 214. Hier auch ein Gruß an Eberhard von der Tann (St.Nr. 79).
444 Böcking 1859/1861 Bd. 1, S. 325 CLIIII, S. 355. CLXXI. Vgl. Treu 1996, S. 358.
445 Luther (WABr I), Nr. 214 Anm. 13; Förstemann 1976, S. 4.
446 Friedensburg 1917, S. 80, Anm. 2. Zur gleichen Zeit wird die Sophien-Burse als Wohnort beschrieben (vgl. Schmidt/Ditzel Briefwechsel, S. 118, Anm. 14)
447 Treu 1989, S. 83f; Ders. 1996, S. 356; Kathe 2002, S. 55.
448 Nach dem Zeugnis des befreundeten Leipziger Magister Sebastian Fröschel (Treu 1989, S. 84f; Ders. 1996, S. 357).
449 Friedensburg 1926, Nr. 100; Luther (WABr I), Nr. 299.
450 Luther (WA VII), S. 185.
451 Rein 1859, S. 262; Ders. 1863, S. 15.
452 *Um die gebeuw nach notturft zu erhalten, ist zu bedenken, das der universitet fiscus der burden mit dem notario, magistro Facho und disputationibus entladen werde* (Friedensburg 1926, Nr. 184).
453 In einem Fruchtregister der Stadt wird 1538 jedenfalls ein *Baltzar Schmidt* genannt (HStAMarburg, Best. 40e, Nr. 315), der in den Stadtrechnungen von

454 1527 und 1539 (Goller 1965 R) fehlt.
454 Landesarchiv Thüringen – Hauptstaatsarchiv Weimar, Ernestinisches Gesamtarchiv, Reg. O. 341 Bl. 3; Förstemann 1976, S. 4. Melanchthon merkt in der Matrikel an: *Mortuus Anno 41, montags nach Visitationis Mariae.*
455 Goller 1965 R, S. 17, 33.
456 HStAMarburg, Best. 301 Fremde Archive, Hessen-Philippsthal 011 1925/14, Nr. 22.
457 Goller 1965 R, S. 33ff., 39, 52f.
458 Goller 1969, Nr. 6.
459 Goller 1965 R, S. 61, 66ff.
460 Witzel, Epistolarvm - CERA-Edition: Liber II Fol. M3a. – Henze 1995 Kirche, S. 291. Vgl. Schmidt/Ditzel, Briefwechsel, S. 101.
461 Erler 1895, S. 452/31. Im Gegensatz zu Stumph (Jakob S. de Lach [St.Nr. 74a]), kommt der Name Streckel in den Stadtrechnungen nicht vor.
462 Köstlin 1887, S. 3. Die Variante schon vor 1400 (vgl. St.Nr. 2), auch beim folgenden Studenten in Wittenberg. Der Familienname ist in Vacha selbst nicht zu finden (Goller 1965 R). Vielleicht handelt es sich bei ihm um einen Sohn des *Herman Gissel* vom Weiler Mosa. Er ist 1510 einer der wohlhabendsten Bauern im Amt Vacha. Er besitzt: *sechs pferde, acht rynntnosser* (Rinder), *hundert schaff* (und) *funff geys* (Hennesen 1991, S. 260).
463 Förstemann 1976, S. 16. Die Variante *Wach* schon 1383 (St.Nr. 2).
464 Weissenborn IIIb 1976, S. 243/9. *Lachen* ähnelt der Variante *Fachen* (St.Nr. 72).
465 Schwinges/Wriedt 1995, S. 292 Nr. 24.
466 Goller 1965 R, S. 62, 70, 92.
467 Förstemann 1976, S. 23.
468 Köstlin 1887, S. 9.
469 Hofmeister II. 1891, S. 30.
470 Vgl. bei dem gleichnamigen Studenten zu 1482 (St.Nr. 60).
471 Goller 1965 R, S. 24, 67, 91, 98, 101, 113.
472 Lamprecht 1987, S. 302.
473 Weissenborn IIIb 1976, S. 253/27.
474 Schwinges/Wriedt 1995, S. 295 Nr. 25. Die Variante *Vak* wird gestützt durch Georg Witzel (St.Nr. 85), der in seine Schrift „Von der christlichen Kyrchen" (1534) erklärt: *Mit dem Fago meynet ich beide das Buechenland und mein vaterstadt Fag oder Fach* (Henze 1995, S. 57 Anm. 305, S. 407).
475 Erler 1895, S. 491/48.
476 Küther/Goller 1971, S. 256.
477 Goller 1965 R, S. 19, 37.
478 Lamprecht 1987, S. 306.
479 Förstemann 1976, S. 29. Herkunftsname *Phach* schon bei Balthasar Fabricius (St.Nr. 72).
480 Goller 1965 R, S. 15, 33.
481 Ders. 1969, Nr. 4.
482 Küther/Goller 1971, S. 268.
483 Förstemann 1976, S. 42.
484 Weissenborn IIIb 1976, S. 297/23.
485 Knod 1899, S. 575 Nr. 3833; Luther (WABr I), Nr. 214 Anm. 14.
486 Mayer 1907, S. 249 Anm. 52; Knod 1899, S. 575 Nr. 3833.
487 Körner 1989, S. 71.
488 Körner 1982, S. 123; Ders. 1989, S. 71; Hueck 1969, S. 454; Nieder 2015, S. 16; ADB 1894, S. 372 nennt Vacha als Geburtsort (vgl. Luther (WABr I), Nr. 214 Anm. 14).
489 Körner 1982, S. 124ff; Humberg (1983, S. 540) nennt zum Jahr 1525(?) das Dominkanerkloster als ersten Wohnsitz.
490 Beulshausen 1981, S. 302f.
491 Körner 1982, S. 124.
492 Körner 1982, S. 125.
493 ADB 1894, S. 372.
494 In dieser Zeit verfasste er die Schrift: *Mein Eberharts von der Thann/Stadthalters zu Coburg / warhafftiger / gegruendter und bestendiger gegenbericht / vnd ableinung / auff den Abdruck / so in der Fuerstlichen Sechsischen Cantzley / zu Weymar namen / hieuor ausgangen / der Theologen zu Jhena domals gegebenen abschiedt be-*

treffende / Geschehen / Anno 1563 (VD16, T 145/146).
495 Körner 1982, S. 139.
496 Küther/Goller 1971, S. 66, 258.
497 Gundlach 1930, S. 161.
498 Demandt 1981, S. 854 Nr. 3004.
499 Landesarchiv Thüringen – Hauptstaatsarchiv Weimar, Urkunde.
500 Demandt 1981, S. 854 Nr. 3004.
501 Gundlach 1930, S. 265; Küther/Goller 1971, S. 67; Demandt 1981, S. 854 Nr. 3004. Dementsprechend sind die Söhne als Vachaer Studenten einzuordnen, obwohl sich nur Martin (St.Nr. 80) als solcher zu erkennen gibt.
502 Küther/Goller 1971, S. 67.
503 Körner 1982, S. 130.
504 Goller 1969, Nr. 22.
505 Förstemann 1976, S. 44.
506 Hueck 1969, S. 453.
507 Gundlach 1930, S. 266.
508 Küther/Goller 1971, S. 67, 173f.
509 Goller 1969, Nr. 32.
510 HStAMarburg, Best. 17e Vacha, Paket 6.
511 Franz 1951, Nr. 31.
512 Hueck 1969, S. 453.
513 Förstemann 1976, S. 45.
514 Köstlin 1887, S. 16.
515 Goller 1965 R, S. 63. Vielleicht mit dem 1527 aus dem Servitenkonvent ausgeschiedenen Johann Bockstadt identisch (Küther/Goller 1971, S. 190).
516 Goller 1969, Nr. 37.
517 Goller 1965 R, S. 92.
518 Goller 1970.
519 Ebd; Ders. 1969, Nr. 71. Zu letzterem Datum ist er an einem Vertrag über den Weiler Rodenberg zwischen den Beamten zu Vacha und den Herren von Völkershausen beteiligt.
520 Goller 1965 R, S. 28, 33, 49.
521 Küther 1961, S. 368.
522 HStAMarburg, Best. Urk. 57 Nr. 748.
523 Förstemann 1976, S. 57. *Phach[us]* ist hier wie bei Balthasar Fabricius (St.Nr. 72), Ludwig Heupel (St.Nr. 78), Joh. Bockstadt (St.Nr. 81), Georg Wolfart (St.Nr. 91) und ähnlich Georg Witzel (St.Nr. 85) sicher als Herkunftsname zu verstehen. Die Diözese weist ebenfalls auf Vacha.
524 Köstlin 1887, S. 19.
525 Küther/Goller 1971, S. 267.
526 Goller 1965 R, S. 62, 92.
527 Lamprecht 1987, S. 301.
528 Goller 1970. Der Vorname Bernhard ist in Vacha um 1500 selten (z. B. Bernhard Geißler, St.Nr. 77). In der Stadtrechnung von 1527 fehlt er, erst 1539 tragen ihn weitere Bürger: B. Kindschuh, B. Wenck, B. Steinbach, B. Santrock, B. Schatt, B. Bramber und B. Walch (Goller 1965 R, S. 89ff.).
529 Friedlaender 1887, S. 41. Die Variante schon 1398 (St.Nr. 7). Die Einordnung als Franke spricht nicht gegen Vacha (vgl. St.Nr. 72, II.a.).
530 Goller 1965 R, S. 61, 78.
531 Weissenborn IIIb 1976, S. 295/26.
532 Schwinges/Wriedt 1995, S. 321 Nr. 54.
533 Pseudonyme vgl. bei Hütteroth 1953, S. 416; Henze 1995, S. 57.
534 Weissenborn IIIb 1976, S. 296/21.
535 Schwinges/Wriedt 1995, S. 320 Nr. 22.
536 Henze 1995, S. 16; Bäumer 1991, S. 125.
537 Wird in der Matrikel aber nicht erwähnt (vgl. Förstemann 1976). Mit letzterem steht er zwischen 1530 und 1536 im Briefkontakt (Richter 1913, S. 185ff.; Henze 1995, S. 290ff.).
538 W. schildert anschaulich seine Erfurter Zeit: – *zwey gantze iar zu Erffurt ynn Collegio gestanden / und daselbst nach dem Baccalaureat pro Magisterio ein zeit lang complirt ... bis ynn mein neunzehends iar* (Henze 1995, S. 16 Anm. 91; Breul-Kunkel 2000, S. 213 Anm. 33). In Wittenberg drängten ihn einige zu diesem Abschluss: ... *wie etliche wolten / hett Magister werden moegen* (Henze, 1995, S. 16 Anm. 92).
539 Böning 2004, S. 27ff.
540 Kleineidam 1983, S. 55.
541 Bäumer 1991, S. 127; Höhle 2002, S. 399f.
542 Trusen 1957, S. 34; Henze 1995, S. 27.

[543] Richter 1909, S. 122f.
[544] Ebd, S. 119. Wenn nicht anders vermerkt, beruht der Lebenslauf auf den Angaben bei Henze 1995, S. 15ff.
[545] Franz 1978, S. 37ff. (157ff.); Breul-Kunkel 2000, S. 311.
[546] Trusen 1957, S. 11; Breul-Kunkel 2000, S. 312ff.
[547] Hütteroth 1953, S. 416.
[548] Bauer 1994, S. 48f; Mägdefrau/Gratz 1996, S. 42.
[549] Küther/Goller 1971, S. 172f.
[550] Luther (WABr I), Nr. 945.
[551] Richter 1909, S. 64.
[552] Trusen 1957, S. 15f.
[553] Luther (WABr I), Nr. 1542 Anm. 3.
[554] Trusen 1957, S. 18ff.
[555] Hütteroth 1953, S. 417; Bäumer 1991, S. 128.
[556] Vogel 2009, S. 17.
[557] Mit dem er seit 1534 in Verbindung stand (Walter 2017, S. 79f.).
[558] Trusen 1957, S. 34.
[559] Bäumer 1991, S. 128f.
[560] Henze 1995, S. 62, 311ff; VD 16, W 3838- W 4075.
[561] Henze 1995, S. 27. Witzels Epitaph ist verschollen, die Inschrift aber überliefert (Arens 1958, S. 597f.).
[562] Weissenborn IIIb 1976, S. 342/31.
[563] Ditzel 1998, S. 80ff.
[564] Georg Witzel (St.Nr. 85) zählt 1557 die Mitstudenten in Erfurt auf (Richter 1909, S. 10f.), wobei er auch den in der Matrikel (Weissenborn IIIb 1976) nicht vorkommenden *Johan Rodus* nennt.
[565] Goller 1965 R, S. 62.
[566] Küther 1961, S. 390.
[567] Goller 1965 R, S. 91.
[568] Goller 1969, Nr. 46.
[569] Küther/Goller 1971, S. 219.
[570] Goller 1965 R, S. 33, 35.
[571] Goller 1969, Nr. 6.
[572] Goller 1965 R, S. 62, 90ff.
[573] Weissenborn IIIb 1976, S. 298/47.
[574] Knetsch 1932, Nr. 18.
[575] Küther/Goller 1971, S. 67; Knetsch 1932, Nr. 13; vgl. Demandt 1981, S. 590 Nr. 2108.
[576] Weissenborn IIIb 1976, S. 297/25.
[577] Freudenberger 1990, S. 111.
[578] Nieder 2015, S. 16.
[579] Pölnitz 1937, S. 415/28.
[580] Weissenborn IIIb 1976, S. 304/31.
[581] Körner 1982, S. 123.
[582] Hueck 1969, S. 466.
[583] Vgl. Bruder Eberhard (St.Nr. 79).
[584] Körner 1982, S. 123.
[585] Gundlach 1930, S. 265.
[586] Ebd.; Vgl. HStAMarburg Best. 17e Vacha 212.
[587] Gundlach 1930, S. 265.
[588] Körner 1982, S. 129.
[589] Hueck 1969, S. 466.
[590] Weissenborn IIIb 1976, S. 309/11.
[591] Schwinges/Wriedt 1995, S. 329 Nr. 47.
[592] Goller 1965 R, S. 62, 76, 92.
[593] Lamprecht 1987, S. 303.
[594] Goller 1965 R, S. 88, 102.
[595] Förstemann 1976, S. 89. Vgl. bei Bernhard Phachus (St.Nr. 82).
[596] Köstlin 1888, S. 11.
[597] Hütteroth 1953, S. 418.
[598] HStAMarburg, Best. 17e Vacha, Nr. 150; Goller 1969, Nr. 49.
[599] HStAMarburg, Best. 17e Vacha, Nr. 144.
[600] Goller 1969, Nr. 73.
[601] Goller 1969, Nr. 74.
[602] Hütteroth 1953, S. 418.
[603] Goller 1965 R, S. 15, 20, 36, 46, 65, 95, 97.
[604] Weissenborn IIIb 1976, S. 316/6.
[605] Schwinges/Wriedt 1995, S. 331 Nr. 42.
[606] Dieser verließ aber spätestens 1519 Erfurt und war 1520 in Wittenberg!
[607] Goller 1965 R, S. 63, 76.
[608] Goller 1969, Nr. 36.
[609] Goller 1969, Nr. 38.
[610] Goller 1965 R, S. 92, 105, 113.
[611] Leinweber 1972, S. 141 Anm. 37.
[612] Goller 1965 R, S. 68, 72.

3. Anhang

3.1 Studierende Servitenmönche

9	1403	fr. Konrad Trost		Erfurt
26	1437	fr. Heinrich Stuncoff	de Vach	Erfurt
27	1442	fr. Johannes Truter		Erfurt
28	1442	fr. Johannes Trost		Erfurt
30	1442	fr. Johannes Deutscher	de Vach	Leipzig
32	1445	fr. Heinrich Brulant	de Vach	Erfurt
33	1454	fr. Johannes Borsch	de Vach	Erfurt
34/50	1454/73	Johannes Franck	de Vach	Erfurt
38	1457	fr. Heinrich Bader	de Vach	Erfurt
45	1466(1469)	Hermann (König)	(de) Vach	Erfurt
58	1481	Johannes Schreiber		Erfurt

3.2 Gründungsjahre mitteleuropäischer Universitäten bis zur Reformation

1348	Prag
1364	Krakau
1365	Wien
1386	Heidelberg
1388	Köln
1392	Erfurt
1402–1413	Würzburg
1409	Leipzig
1419	Rostock
1456	Greifswald
1457	Freiburg/Breisgau
1460	Basel
1467	Preßburg
1472	Ingolstadt
1473	Trier
1476	Mainz
1477	Tübingen
1502	Wittenberg
1506	Frankfurt/Oder

4. Literatur und gedruckte Quellen

Abe, Horst Rudolf: Die Fuldaer an der Universität Erfurt im Mittelalter 1392–1521 (Fuldaer Geschichtsblätter Jg. 33), Fulda 1957.

Abe, Horst Rudolf: Die Universität Erfurt in ihren berühmtesten Persönlichkeiten I. Mittelalter 1391–1521 (Beiträge zur Geschichte der Universität Erfurt, Heft 4/ 1958).

Allgemeine Deutsche Biographie (ADB), Bd. 6, 37, Leipzig 1877, 1894.

Andernacht, Dietrich: Die Bürger der Reichsstadt Frankfurt/Main 1401–1470, Frankfurt 1978.

Andrian-Werburg, Klaus Freiherr von: Das älteste Coburger Stadtbuch 1388–1453 (Veröffentlichungen der Gesellschaft für fränkische Geschichte X 9), Neustadt/ Aisch 1977.

Arens, Fritz, Die Inschriften der Stadt Mainz von frühmittelalterlicher Zeit bis 1650 (Die deutschen Inschriften/Heidelberger Reihe II), Stuttgart 1958.

Bäumer, Remigius: Georg Witzel 1501–1573, in: Katholische Theologen der Reformationszeit, Hrsg. Erwin Iserloh (Katholisches Leben und Kirchenreform im Zeitalter der Glaubensspaltung 44), Münster 1991.

Bauer, Joachim: Reformation und ernestinischer Territorialstaat in Thüringen, in: Kleinstaaten und Kultur in Thüringen vom 16. bis 20. Jahrhundert (Hrsg. Jürgen John), Weimar Köln Wien 1994.

Bautz, Friedrich Wilhelm: Johann Heß, in: Biographisch-bibliographisches Kirchenlexikon BBKL (Hrsg. Friedrich Wilhelm Bautz), Bd. 2, 1990.

Becker, Eduard: Regesten aus dem Alsfelder Stadtarchiv, in: Mitteilungen des Oberhessischen Geschichtsvereins Neue Folge 19. Band, Gießen 1911.

Benzing, Josef: Hermann Trebelius, Dichter und Drucker zu Wittenberg und Eisenach (Der Bibliophile, Beilage zur Fachzeitschrift: Das Antiquariat IV, 10. Juli 1953, Nr. 7).

Ders: Ulrich von Hutten und seine Drucker (Beiträge zum Buch- und Bibliothekswesen, hrsg. von Carl Wehmer Bd. 6), Wiesbaden 1956.

Bernstein, Eckhard: Mutianus Rufus und sein humanistischer Freundeskreis in Gotha (Quellen und Forschungen zu Thüringen im Zeitalter der Reformation, Band 2), Köln Weimar Wien 2014.

von Beulshausen, Heinrich: Die Geschichte der osthessischen Täufergemeinden (Beiträge zur deutschen Philologie Bd. 53/1), 1981.

Böcking, Eduard (Hrsg.): Ulrichs von Hutten Schriften VLRICHI HVTTENI EQVITIS GERMANI OPERA QVAE REPERIRI POTVERVNT OMNIA, 5. Bd. Leipzig 1859–1861 (Neudruck Aalen 1963).

Ders. (Hrsg.): VLRICHI HVTTENI EQVITIS OPERVM SUPPLEMENTVM. EPISTOLAE OBSCVRORVM VIRORVM, Leipzig 1864 (Neudruck Osnabrück 1966).

Böning, Adalbert: Georg Witzel (1501–1573) als Hebraist und seine Lobrede auf die Hebräische Sprache (Veröffentlichung der Katholischen Akademie Schwerte, hrsg. von Udo Zelinka), Schwerte 2004.

Breul-Kunkel, Wolfgang: Herrschaftskrise und Reformation. Die Reichsabteien Fulda und Hersfeld ca. 1500–1525 (Quellen und Forschungen zur Reformationsgeschichte Band 71), Heidelberg 2000.

Bünz, Enno: Das Mainzer Subsidienregister für Thüringen von 1506 (Veröffentlichungen der Historischen Kommission für Thüringen, Große Reihe Bd. 8), Köln Weimar Wien 2005.

Demandt, Karl E: Der Personenstaat der Landgrafschaft Hessen im Mittelalter (Veröffentlichungen der Historischen Kommission für Hessen 42), Marburg 1981.

Dietmann, Andreas: Der Einfluss der Reformation auf das spätmittelalterliche Schulwesen in Thüringen 1300–1600 (Quellen und Forschungen zu Thüringen im Zeitalter der Reformation Band 11), Wien Köln Weimar 2018.

Ditzel, Olaf: Die Entstehungszeit der Stadt Vacha, Bad Hersfeld 1991.

Ders: Georg Witzels Vorfahren in Vacha (Fuldaer Geschichtsblätter Jg. 74), Fulda 1998.

Ders: Die älteste Wanderkarte der Welt (Rhönwacht, Zeitschrift des Rhönklubs), Fulda 2000/Heft 2.

Ders: Die Johanneskirche Stadtpfarrkirche zu Vacha (Beiträge zur Geschichte der Stadt Vacha I), Vacha 2004.

Ders: Hermann(us) König (Künig), in: Biographisch-bibliographisches Kirchenlexikon BBKL (Hrsg. Friedrich Wilhelm Bautz), Bd. 24, 2005.

Ders: Balthasar Fabricius Phacchus, in: Biographisch-bibliographisches Kirchenlexikon BBKL (Hrsg. Friedrich Wilhelm Bautz), Bd. 25, 2005.

Ders: Die Anfänge der fuldischen Städte (Fuldaer Geschichtsblätter Jg. 84), Fulda 2008.

Ders: Die Herkunft der Inkunabeldrucker Adam Steinschaber und Heinrich Wirczburg (Jahrbuch 2011 des Hennebergisch-Fränkischen Geschichtsvereins).

Doelle, Ferdinand: Ein Fragment der verlorengegangenen Prager Universitätsmatrikel aus dem 14. Jahrhundert (Miscellanea Francisco Ehrle, Vol. 3 [Studi/e/Testi 39]), Rom 1924.

Engel, Wilhelm: Urkundenregesten zur Geschichte der kirchlichen Verwaltung der Grafschaft Wertheim 1276–1499 (Sonderveröffentlichung des Historischen Vereins Wertheim e.V.), Wertheim 1959.

Erler, Georg: Die Matrikel der Universität Leipzig 1409–1559 (Codex diplomaticus Saxoniae regiae II, 16–18), Leipzig 1895–1903 (Neudruck 1976).

Eulenburg, Franz: Die Frequenz der Deutschen Universitäten von ihrer Gründung bis zur Gegenwart, Leipzig 1904.

Förstemann, Karl Eduard: ALBUM ACADEMIAE VITEBERGENSIS 1502–1560, Band 1, Leipzig 1841 (Neudruck Aalen 1976).

Franz, Günther: Urkundliche Quellen zur hessischen Reformationsgeschichte. Band IV: Wiedertäuferakten 1527–1626 (Veröffentlichungen der Historischen Kommission für Hessen und Waldeck), Marburg 1951.

Ders: Ein Gutachten über Georg Witzel und seine Lehre (Schriften zur Förderung der Georg Witzel Forschung SFWG 14/15), Hagen 1978.

Freudenberger, Theobald: Die Würzburger Weihematrikel der Jahre 1520 bis 1552 (Quellen und Forschungen zur Geschichte des Bistums und Hochstifts Würzburg 41), Würzburg 1990.

Friedensburg, Walter: Geschichte der Universität Wittenberg, Halle 1917.

Ders: Urkundenbuch der Universität Wittenberg Teil 1 1502–1611 (Geschichtsquellen der Provinz Sachsen und des Freistaates Anhalt), Neue Reihe Band 3, Magdeburg 1926.

Friedlaender, Ernst (Hrsg.): Ältere Universitäts-Matrikeln, I. Universität Frankfurt an der Oder 1506–1648 (Publicationen aus den K. Preußischen Staatsarchiven 32), Leipzig 1887 (Neudruck 1976).

Gabriel, Astricus L./ Boyce, Gray C.: AUCTARIUM CHARTULARII UNIVERSITATIS PARISIENSIS VI: LIBER RECEPTORUM NATIONIS ANGLICANAE (ALEMANNIAE) IN UNIVERSITATE PARISIENSI 1425–1494, Paris 1964.

Gall, F./Szaivart, W: Die Matrikel der Universität Wien 1377–1579, Wien Graz Köln 1956–1967.

Goller, Hans: Bürgerbuch der Stadt Vacha (Manuskript im Archiv des Heimat- u. Geschichtsvereins Vacha e.V.), Vacha 1970.

Ders: Rechnungen der Stadt Vacha (Manuskript im Archiv des Heimat- und Geschichtsvereins Vacha e.V.), Vacha 1965.

Ders: Urkundenbuch der Stadt Vacha, 1. Bd. (786–1500) 1965; 2. Bd. (1501–1600) 1969 (Manuskript im Archiv des Heimat- und Geschichtsverein Vacha e.V.).

Görk, Albert: Vachaer Bürgernamen im Mittelalter (Werra-Stimmen Beilage zur Rhönzeitung 3. Jg. Nr. 15, 1. August), Vacha 1922.

Görlich, Paul: Hersfelder Studenten an deutschen Universitäten (Mein Heimatland [Beilage zur Hersfelder Zeitung], Nr. 19/23/24 1969, Bd. 23).

Gößner, Andreas: Die Anfänge des Buchdrucks für universitäre Zwecke am Beispiel Wittenbergs, in: Bücher, Drucker, Bibliotheken in Mitteldeutschland (Hrsg. Enno Bünz), Leipzig 2006.

Grossart, Karl: Die Landstände in der Reichsabtei Fulda und ihre Einungen bis zum Jahre 1410, Marburg 1914.

Gundlach, Franz: Die Hessischen Zentralbehörden von 1247 bis 1604. Dritter Band: Dienerbuch (Veröffentlichungen der Historischen Kommission für Hessen und Waldeck XVI), Marburg 1930.

Häbler, Konrad: Das Wallfahrtsbuch des Hermann Künig von Vach und die Pilgerreisen der Deutschen nach Santiago de Compostela, Strassburg 1899.

Heinemeyer, Walter: Die Bildungspolitik Landgraf Philipps des Großmütigen von Hessen (Hessisches Jahrbuch für Landesgeschichte 21. Band), 1971.

Heldmann, Karl: Das akademische Fritzlar im Mittelalter (Zeitschrift des Vereins für hessische Geschichte und Landeskunde Band 56), Kassel 1927.

Hengstmann, Ludwig (Hrsg.): Die Walfart und Straß zu sant Jacob. Pilgerführer nach Santiago de Compostela von Hermann Künig von Vach, Solingen 1996.

Hennesen, Johannes: Eine Viehbedeliste 1510 im Hochstift Fulda, Dirlos 1991.

Henze, Barbara: AUS LIEBE ZUR KIRCHE REFORM. Die Bemühungen Georg Witzels (1501–1573) um die Kircheneinheit (Reformationsgeschichtliche Studien und Texte, Band 133), Münster 1995.

Herbers, Klaus/Plötz, Robert: Die Straß zu Sankt Jakob – Der älteste deutsche Pilgerführer nach Compostela, Ostfildern 2004.

Hermelink, Heinrich: Die Matrikel der Universität Tübingen 1477–1600 (Württembergische Kommission für Landesgeschichte), Stuttgart 1906–1931.

Hermes, Günter: Zeittafel zur Geschichte der Stadt Vacha. Bd. 1 (786–1800), Vacha 1996.

Hofmeister, Adolph: Die Matrikel der Universität Rostock 1419–1611, Rostock Schwerin 1889, 1891, 1919, 1922. (Neudruck 1976).

Höhle, Michael: Universität und Reformation – Die Universität Frankfurt (Oder) von 1506 bis 1550 (Bonner Beiträge zur Kirchengeschichte, Band 25), Köln Weimar Wien 2002.

von Hueck, Walter: Genealogisches Handbuch der Freiherrlichen Häuser A Band VII (Genealogisches Handbuch des Adels Bd. 44), Limburg/Lahn 1969.

Humberg, Felix: Chronik der Wartburgstadt Eisenach und ihrer Umgebung Teil 6 (Eisenacher Schriften zur Heimatkunde, Heft 22), Eisenach 1983.

Hütteroth, Oskar: Die althessischen Pfarrer der Reformationszeit (Veröffentlichungen der historischen Kommission für Hessen und Waldeck XXII) 1953–1966.

Kern, Leon: Le moine imprimeur Henri Wirzburg de Vach (Mélanges d'historie et de littérature offerts á Monsieur Charles Gilliard), Lausanne 1944.

Kathe, Heinz: Die Wittenberger philosophische Fakultät 1502–1817, in: Mittel-

deutsche Forschungen 117, Köln Weimar Wien 2002.

Keussen, Hermann: Die Matrikel der Universität Köln (Publikationen der Gesellschaft für Rheinische Geschichtskunde 8), 1. Band Bonn 1892, 2. Band Bonn 1919.

Kleineidam, Erich: Universitas Studii Erfordensis. Überblick über die Geschichte der Universität Erfurt (Erfurter theologische Studien 14, 22, 42), Leipzig 1964, 1969, 1983.

Knetsch, Carl: Die Familie Murhard aus Vacha, in: Nachrichten der Gesellschaft für Familienkunde in Kurhessen und Waldeck 7. Jahrgang Mai 1932 Nr. 2.

Knod, Gustav C.: Deutsche Studenten in Bologna (1289–1562). Biographischer Index zu den Acta nationis Germanicae universitatis Bononiensis, Berlin 1899 (Neudruck 1970).

Körner, Hans: Eberhard von der Tann (Fränkische Lebensbilder Bd. 10), Neustadt/ Aisch 1982.

Ders: Eberhard von der Tann (1495–1574), Fränkischer Reichsritter und Sächsischer Rat, und die Reformation (Zeitschrift für bayerische Kirchengeschichte 58), Nürnberg 1989.

Köstlin, Julius: Die Baccalaurei und Magistri der Wittenberger Philosophischen Fakultät (1503–1517), Halle 1887; (1518–1537), Halle 1888.

Kratz, Hermann: Die Steuerverträge der Stadt Fulda im Spätmittelalter, in: Hundert Jahre Historische Kommission für Hessen 1897–1997 (Veröffentlichungen der Historischen Kommission für Hessen 61), Marburg 1997.

Krause, Carl: Der Briefwechsel des Mutianus Rufus, Kassel 1885.

Kupcik, Ivan: Alte Landkarten. Von der Antike bis zum Ende des 19. Jahrhunderts, Hanau 1992.

Ders: MAPPAE BAVARIAE. Thematische Karten von Bayern bis zum Jahr 1900 (Veröffentlichungen aus dem Archiv des Deutschen Museums Band 2), Weißenhorn 1995.

Küther, Waldemar: Urkundenbuch des Kloster Frauensee (Mitteldeutsche Forschungen 20), Köln Graz 1961.

Ders./Goller, Hans: Vacha und sein Servitenkloster im Mittelalter (Mitteldeutsche Forschungen 64), Köln 1971.

Lamprecht, Herbert: Die Bevölkerung Niederhessens im 16. Jahrhundert, Band 1 Musterungen 1543–1553 (Forschungen zur hessischen Familien- und Heimatkunde 66), Frankfurt/Main und Kassel 1987.

Leinweber, Josef: Das Hochstift Fulda vor der Reformation (Quellen und Abhandlungen zur Geschichte der Abtei und der Diözese Fulda XXII.), Fulda 1972.

Ders: Zur spätmittelalterlichen Klosterreform in Fulda – eine Fuldaer Reformgruppe? (Studia Anselmiana 85), Roma 1982.

Ders: Regesten der Pfarreien im Stift Fulda (Nachlass in der Bibliothek des Bischöflichen Priesterseminars Fulda).

Ders: Regesten Kloster Frauenberg (Nachlass in der Bibliothek des Bischöflichen Priesterseminars Fulda).

Ders: Regesten Kloster Neuenberg (Nachlass in der Bibliothek des Bischöflichen Priesterseminars Fulda).

Ders: Regesten Kloster Petersberg (Nachlass in der Bibliothek des Bischöflichen Priesterseminars Fulda).

Lemke, Dietrich: Vachaer Heimatbuch. Geschichte und Volksleben in Stadt und Amt Vacha von den Anfängen bis zur Auflösung des Landes Thüringen 1952, Zeuthen 2009.

Lorenz, Sönke: Erfurt – die älteste Hochschule Mitteleuropas? In: Aspekte thüringisch-hessischer Geschichte, hrsg. von Michael Gockel (Hessisches Landesamt für geschichtliche Landeskunde) Marburg/Lahn 1992.

Lorenz, Sönke: Tübinger Professorenkatalog – Die Matrikel der Magister und

Bakkalare der Artistenfakultät (1477–1535), Tübingen 2007.

Luckhard, Fritz: Regesten der Herren von Ebersberg genannt von Weyers in der Rhön 1170–1518 (40. Veröffentlichung des Fuldaer Geschichtsvereins), Fulda 1963.

Luther, Franziska: Die Klöster und Kirchen Eisenachs (1500–1530) – Prologe zur Reformation und wie die Geistlichkeit *vermeynen die Zinse aus etzlichenn armenn zu kelterenn* (Vor- und Frühreformation in thüringischen Städten [1470–1525/30] Quellen und Forschungen zu Thüringen im Zeitalter der Reformation Band 1), Köln Weimar Wien 2013.

Luther, Martin: D. Martin Luthers Werke Kritische Gesamtausgabe (Schriften) Bd. 7, Weimar 1897 [WA].

Ders: D. Martin Luthers Werke Kritische Gesamtausgabe Briefwechsel Bd. 1, Weimar 1930 [WABr].

Mägdefrau, Werner/Gratz, Frank: Die Anfänge der Reformation und die thüringischen Städte, Frankfurt/Main 1996.

Mayer, Hermann: Die Matrikel der Universität Freiburg im Breisgau von 1460–1656, Freiburg 1907 (Neudruck 1976).

Merz, Johannes: Beziehungsgeflechte von Eliten als Indikator religiöser Entwicklungslinien – Die Städte der Fürstabtei Fulda im 16. Jahrhundert (Archiv für Mittelrheinische Kirchengeschichte 45. Jg.) 1993.

Mohnike, Gottlieb Christian Friedrich (Hrsg.): Ulrich von Huttens Klagen gegen Wedeg Loetz und dessen Sohn Henning, Greifswald 1816.

Möller, Bernhard (Bearb.): Thüringer Pfarrerbuch. Band 3: Großherzogtum Sachsen(-Weimar-Eisenach) – Landesteil Eisenach (Schriftenreihe der Stiftung Stoye Band 35), Herausgegeben von der Gesellschaft für Thüringische Kirchengeschichte, Neustadt/Aisch 2000.

Monumenta Historica Universitatis Carolo Ferdinandeae Pragensis; Band 1: Liber Decanorum Facultatis Philosophicae Universitatis Pragensis ab anno Christi 1367 usque ad annum 1585, Prag 1830; Band 2: Album seu Matricula Facultatis Juridicae Universitatis Pragensis ab anno Christi 1372 usque ad annum 1418, Prag 1834.

Mötsch, Johannes: Fuldische Frauenklöster in Thüringen. Regesten zur Geschichte der Klöster Allendorf, Kapellendorf und Zella/Rhön (Veröffentlichungen der Historischen Kommission für Thüringen Große Reihe Band 5), München Jena 1999.

Muther, Theodor: Zur Geschichte der Rechtswissenschaft und der Universitäten in Deutschland, Amsterdam 1961.

Nieder, Horst: Die Geschichte der Familie VON DER TANN in der Reformationszeit, Petersberg 2015.

Pölnitz, Götz Freiherr von: Die Matrikel der Ludwig-Maximilians-Universität Ingolstadt-Landshut-München Bd. 1 Ingolstadt 1472–1600, München 1937; Ortsregister von Ladislaus Buzas, München 1984.

Reimer, Heinrich: Historisches Ortslexikon für Kurhessen (Veröffentlichungen der Historischen Kommission für Hessen 14), Marburg 1974.

Rein, Wilhelm: Das Catharinenkloster zu Eisenach und ein Prozeß vor der römischen Curie (Zeitschrift für deutsche Kulturgeschichte, herausgegeben von Johannes Müller und Johannes Falke), Nürnberg 1859, Vierter Jahrgang.

Ders: Kurze Geschichte und mittelalterliche Physiognomie der Stadt Eisenach (Zeitschrift des Vereins für thüringische Geschichte 5. Band), Jena 1863.

Repertorium Germanicum: Verzeichnis der in den Registern und Kameralakten vorkommenden Personen, Kirchen und Orten des Deutschen Reiches seiner Diözesen und Territorien vom Beginn des Schismas bis zur Reformation, hrsg. vom Deutschen Historischen Institut in Rom.

Band II: URBAN VI., BONIFAZ IX., INNOCENZ VII. UND GREGOR XII. 1378–1415, bearb. von Gerd Tellenbach, 3 Lieferungen, Berlin 1933, 1938 (Neudruck 1961).
Band IV: MARTIN V. 1417–1431, 3 Teilbände, bearb. von Karl August Fink, Berlin 1943, 1957, 1958 (Neudruck 1991).
Band VI: NIKOLAUS V. 1447–1455, Teil 1: bearb. von Josef Friedrich Abert und Walter Deeters, Tübingen 1985; Teil 2: Indices, bearb. von Michael Reimann, Tübingen 1989.
Band VII: CALIXT III. 1455–1458, Teil 1: Text, bearbeitet von Ernst Pitz, Tübingen 1989; Teil 2: Indices, bearb. von Hubert Höing, Tübingen 1989.
Band VIII: PIUS II. 1458–1464, Teil 1: Text, bearb. von Dieter Broisius und Ulrich Scheschkewitz; Teil 2: Indices, bearb. von Karl Borchard, Tübingen 1993.
Richter, Gregor: Die Verwandtschaft Georg Witzels (Fuldaer Geschichtsblätter Jg. 8), Fulda 1909.
Ders: Die Schriften Georg Witzels (Zehnte Veröffentlichung des Fuldaer Geschichtsvereins), Fulda 1913.
Rosenkranz, Helmut: Georg Witzel als Verwandter und Ahnherr (Schriften zur Förderung der Georg-Witzel-Forschung SFWG 29/30), Hagen 1982.
Schäfer, K. H: Das hessische Unterrichtswesen vor Landgraf Philipp und die Stiftsschule zu Wetter (Fuldaer Geschichtsblätter Jg. 20), Fulda 1927.
SFWG = Schriften zur Förderung der Georg-Witzel-Forschung, Bernhard J. Witzel (Hrsg.), Hagen 1975–1984.
Schwinges, Rainer C: Deutsche Universitätsbesucher im 14. und 15. Jahrhundert. Studien zur Sozialgeschichte des Alten Reiches (Veröffentlichungen des Instituts f. Europäische Geschichte Mainz, Universalgeschichte, Band 123: Beiträge zur Sozial- und Verfassungsgeschichte des Alten Reiches, Band 6), Stuttgart 1986.
Ders: Studenten und Gelehrte – Studien zur Sozial und Kulturgeschichte deutscher Universitäten im Mittelalter (Education and society in the Middle Ages and Renaissance 32), Leiden 2008.
Ders./Wriedt, Klaus: Das Bakkalarenregister der Artistenfakultät der Universität Erfurt 1392–1521 (Veröffentlichungen der Historischen Kommission für Thüringen Große Reihe Band 3), Jena Stuttgart 1995.
Sippel, Wilm: Stiftung Sippel von 1525 (im Familienverband Berneburg e.V.), Bd. 11, Forschungsberichte, Hefte 41–45, Göttingen 1982.
Stölzel, Adolf: Studirende der Jahre 1368 bis 1600 aus dem Gebiete des späteren Kurfürstenthums Hessen (Zeitschrift des Vereins für hessische Geschichte und Landeskunde) Kassel 1875.
Toepke, Gustav: Die Matrikel der Universität Heidelberg 1386–1662, Heidelberg 1884 (Neudruck 1976).
Treu, Martin: Balthasar Fabritius Phacchus – Wittenberger Humanist und Freund Ulrichs von Hutten (Archiv für Reformationsgeschichte 80), Gütersloh 1989.
Ders: Hutten, Melanchthon und der nationale Humanismus, in: Humanismus und Wittenberger Reformation, Festgabe anlässlich des 500. Geburtstages des Praeceptor Germaniae Philipp Melanchthon am 16. Februar 1997, hrsg. von Michael Beyer und Günther Wartenberg unter Mitwirkung von Hans-Peter Hasse, Leipzig 1996.
Ders: Die Leucorea zwischen Tradition und Erneuerung – Erwägungen zur frühen Geschichte der Universität Wittenberg, in: Martin Luther und seine Universität – Vorträge anläßlich des 450. Todestages des Reformators, Hrsg. Heiner Lück, Köln Weimar Wien 1998.
Trusen, Winfried: Um die Reform und Einheit der Kirche. Zum Leben und Werk Georg Witzels (Katholisches Le-

ben und Kämpfen im Zeitalter der Glaubensspaltung), Münster 1957.

VD 16: VERZEICHNIS DER IM DEUTSCHEN SPRACHBEREICH ERSCHIENENEN DRUCKE DES XVI. JAHRHUNDERTS, hg. von der Bayrischen Staatsbibliothek in München in Verbindung mit der Herzog August Bibliothek Wolfenbüttel, Stuttgart 1983–1995.

Vogel, Lothar: Das zweite Regensburger Religionsgespräch von 1546 (Quellen und Forschungen zur Reformationsgeschichte Band 82), Heidelberg 2009.

Voigt, Henning: Die Kirche zu Sünna. Als Spiegel des Lebens und Glaubens eines Dorfes in der Vorderrhön im Laufe der Zeiten. Vacha 1994.

Walter, Peter, Julius Pflugs gelehrtes Umfeld, in: Dialog der Konfessionen – Bischof Julius Pflug und die Reformation, Petersberg 2017.

Walther, Helmut G: Die Grundlagen der Universitäten im europäischen Mittelalter (Zeitschrift für Thüringische Geschichte 63), Neustadt/Aisch 2009.

Wegner, Karl Hermann: Studium und Stipendium in Hessen vor der Reformation, in: Studium und Stipendium. Untersuchungen zur Geschichte des hessischen Stipendiatenwesens (Veröffentlichungen der Historischen Kommission für Hessen 37), Marburg 1977.

Weissenborn, J. C. Hermann/Hortzschansky, Adalbert: Acten der Erfurter Universität III. Teil, Register zur allgemeinen Studentenmatrikel 1392–1636 (Geschichtsquellen der Provinz Sachsen und angrenzender Gebiete VIII), Halle 1899.

Witzel, Georg: EPISTOLARVM, QVAE INTER ALIQVOT // Centurias uidebantur partim profuturae // Theologicarum literarum studiosis, partim innocentis farnam aduersus Sycophantiam de // fensuare, LIBRI Quatuor, Leipzig 1537.

Zöllner, Walter: Herausbildung und Weiterentwicklung der Wissenschaftsgebiete an der Universität Wittenberg bis zum Ende der Lutherzeit, in: Martin Luther und seine Universität – Vorträge anläßlich des 450. Todestages des Reformators, Hrsg. Heiner Lück, Köln Weimar Wien 1998.

Zumkeller, Adolar: Urkunden und Regesten zur Geschichte der Augustinerklöster Würzburg und Münnerstadt (Quellen und Forschungen zur Geschichte des Bistums und Hochstifts Würzburg), Würzburg 1967.

ALTE UNIVERSITÄT ERFURT
1379 1392–1816

COLLEGIUM MAIUS
EHEM. GROSSES KOLLEG
UND SITZ DES REKTORS DER
ALMA MATER ERFORDIENSIS
UM 1500–1550
DURCH BOMBEN ZERSTÖRT 9. FEB. 1945
TEILREKONSTRUKTION 1983

Gerhard Schmidt und Olaf Ditzel

Der Briefwechsel des Balthasar Fabricius vornehmlich mit Georg Witzel

1. Balthasar Fabricius und Georg Witzel[1]

Mit Balthasar Fabricius und Georg Witzel kennen wir zwei Persönlichkeiten aus Vacha, die nicht nur in Kontakt zu Martin Luther standen, sondern auch auf besondere Weise mit den Wittenberger Verhältnissen verflochten waren.

Balthasar Fabricius (* ca. 1478, † 1541 Wittenberg)[2], der Ältere von beiden, kommt in der Vachaer Überlieferung leider nicht vor. Die in Wittenberg gebräuchliche Zubenennung *Phacchus* bzw. *Magister Vach* sowie der vertrauliche Briefwechsel mit Witzel, wo auch von der hiesigen Verwandtschaft die Rede ist, lassen aber keinen Zweifel an seiner Herkunft.

Sein eigentlicher Familienname dürfte ein anderer gewesen sein. Zahlreiche Humanisten bedienten sich griechischer oder lateinischer Namen. Fabricius bedeutet im Lateinischen so viel wie Schmied oder Handwerker. Als sein gleichnamiger Vater käme der von 1484 bis 1508 in Vacha nachgewiesene Bürger *Baltazar Smyt* in Frage. Möglicherweise stammt Fabricius aber auch aus der Familie Hederich, die später einige Schmiede hervorbrachte. Jedenfalls schrieb sich 1493 ein Balthasar Hederich aus Vacha in Erfurt ein, der dort 1499 als *Baltazar Hedrich de Vach* den Grad des Bakkalars erwarb. Dazu passt, dass sich unser Balthasar Fabricius von Erfurt kommend 1502 in Wittenberg immatrikulierte und bereits im Jahr darauf Magister wurde. Beide könnten somit identisch sein[3]. Sein Vater wäre dann der in der Vachaer Stadtrechnung von 1484 erwähnte Neubürger *Heintz Hed[d]erich*. In einem Erbzinsregister derer von Haun wird 1493 *die Hederichs* in Vacha erwähnt[4]. Möglicherweise seine Mutter.

Andererseits kommt der Name Hederich/Heiderich in den Stadtrechnungen der Jahre 1527 und 1539 nicht vor[5]. Georg Witzel geht in seiner Korrespodenz nur pau-

schal auf die Verwandtschaft ein. So erwähnt er in einem Brief von Heiligabend 1531 die Schwägerin des Fabricius und die Armut im väterlichen Haus. Ein Jahr später, Silvester 1532, einen Bruder, der in Vacha oder in der Nähe zu wohnen scheint. Nach dem heutigen Wissensstand ist eine Klärung der familiären Zusammenhänge nicht möglich.

Fabricius verließ Erfurt 1502 zusammen mit seinem Lehrer Nikolaus Marschalk und dessen anderen Schülern Hermann Trebelius und Georg Spalatin. In Wittenberg förderten die Neuankömmlinge maßgeblich die Einführung der griechischen Sprache. Trebelius und Fabricius bildeten unter den dortigen Humanisten die Partei der *Grammatici*. Fabricius wurde 1503 an seiner neuen Wirkungsstätte zum Magister promoviert und pflegte zahlreiche Kontakte. Solche bestanden zu berühmten Zeitgenossen wie Ulrich von Hutten, Mutianus Rufus, Crotus Rubeanus und Eobanus Hessus[6]. Ob er dem engeren humanistischen Freundeskreis des Mutianus Rufus in Gotha zuzurechnen ist bleibt ungewiss[7]. Jedenfalls gilt Nikolaus Marschalk als Wegbereiter dieser Vereinigung, der von den Bekannten des Fabricius: Trebelius, Spalatin, Hessus, Crotus und Hutten angehörten[8].

Gegenüber Martin Luther und dessen neuen Ideen verhielt er sich eher kritisch. Sein Schüler Johannes Oldecop überliefert für 1516 eine bemerkenswerte Aussage von Fabricius zu Luthers Wirken: ... *der Mönch wird den Teufel zum Abt setzen und es endlich nicht gut machen*[9]. Dabei schwang bereits zu diesem Zeitpunkt die Ahnung über die anstehenden drastischen Umbrüche mit, die ja auch viel Leid mit sich bringen sollten.

In der Folgezeit ist Fabricius auf vielfältige Art und Weise mit dem weltbewegenden Geschehen in Wittenberg verbunden. Im Wintersemester 1517 wird er Rektor der Universität. Just zu der Zeit hat sein später berühmter Kollege seine 95 Thesen veröffentlicht. In dieser Position wirkt Fabricius noch vor dem Eintreffen Philipp Melanchthons (1518) auf eine Reform der Universität hin, die von diesem dann fortgesetzt wird[10]. Zwischen den Theologieprofessoren Martin Luther und Johannes Eck (Universität Ingolstadt) kam es 1518 in schriftlicher Form zu Auseinandersetzungen über die reformatorischen Gedanken, worauf ein klärendes Gespräch – von der Universität Leipzig organisiert – vorgeschlagen wurde. Bei dieser Leipziger Disputation der Kontrahenten im Sommer 1519 gehörte Fabricius zur Wittenberger Delegation und war damit Zuhörer. Da Luther nicht von seinen Positionen abrückte, nahm die Papstkirche im Frühjahr 1520 den Häresieprozess wieder auf.

Nach einem ergebnislosen Verhör durch Kardinal Thomas Cajetan erließ Rom am 15. Juli 1520 die Bannandrohungsbulle *Exsurge Domine*.

Papst Leo X. entsandte kurz darauf Kardinal Hieronymus Aleander nach Deutschland, um Kaiser und Reich gegen die Reformation zu mobilisieren. Dessen Einflussnahme am kaiserlichen Hof bewirkte, dass in der Universitätsstadt Löwen Mitte Oktober 1520 Luthers Schriften und andere verworfene Bücher in Flammen aufgingen. Im November brannten solcherlei Scheiterhaufen auch in Köln und Mainz.

Diese Taten forderten eine Reaktion der Wittenberger heraus. Luthers engster Mitstreiter Philipp Melanchthon ergriff die Initiative. Er rief die Studentenschaft dazu auf, der Verbrennung päpstlicher Schriften beizuwohnen. Neben der Bulle hatte man auch das kanonische Rechtsbuch und weitere Publikationen von Luthergegnern dazu ausersehen. Das Geschehen entwickelte sich am 10. Dezember 1520, mehr oder minder organisiert, innerhalb der Mauern Wittenbergs. Studenten und Bürger zogen mit einem Gefährt durch die Stadt. Dabei kamen sie auch bei dem Anwesen des Magisters Vach vorbei, wie Fabricius vor Ort genannt wurde. Ein zeitgenössischer Bericht schildert anschaulich, wie die Beteiligten mit dem Wagen im Vorhof des Vach`schen Hauses anhielten, um weiteres brennbares Material aufzuladen: *Porro plaustrum apparabatur in Vestibulo aedium cuiusdam philosophiae Magistri cui nomen Vah*[11]. Von dort ging es über den Universitätsplatz *aream gymnasticam*[12] bis vor das Elstertor Wittenbergs. Dem hier entfachten Scheiterhaufen übergab Luther dann die päpstliche Bulle und andere Schriften.

Wo sich das Haus des Fabricius befand, bleibt ein Rätsel. Bereits 1510/1511 war hier Ulrich von Hutten zu Gast. Bei dieser Gelegenheit entstand seine Schrift über die Verskunst *De Arte Versificandi*.[13] Anhand der 1520 geschilderten Stationen kann es sich nicht weit von der Universität, dem Collegium Augusteum befunden haben, wo auch Luther wohnte[14].

Fabricius heiratete 1530 Anna von Farnrode, die letzte

Verbrennung der Bannandrohungsbulle 1520

Nonne des Eisenacher Katharinenklosters. Wir erfahren in einem Brief Georg Witzels vom 8. August 1534 von der an Schwindsucht gestorbenen Gattin. Die Ehe war kinderlos geblieben.

Für die Sache der Reformation trat Fabricius anfangs nur ganz am Rande in Erscheinung. Später verhielt er sich neutral bzw. neigte eher der Gegenseite zu, wie der Kontakt zu Witzel nahelegt. An der Wittenberger Universität verkörperte er in den ersten Jahrzehnten ihres Bestehens wie kein anderer den Typus des für das ganze Leben auf sein Fachgebiet spezialisierten Hochschullehrers[15]. Fabricius blieb bis zu seinem Tod 1541 an der Elbe[16].

Georg Witzel (* 1501 Vacha, † 1573 Mainz)[17] ist der Sohn des Gastwirtes Michael Witzel und dessen zweiter Frau Agnes, geborene Landau.

Wie er auf Martin Luther aufmerksam wurde ist heute nicht mehr zu klären. Möglicherweise geschah dies bereits 1516/1518 in der Erfurter Studienzeit. Hier entwickelte sich sein starkes Interesse an den Ideen des Humanismus, den Schriften des Erasmus von Rotterdam. Diese Ausrichtung ist gerade auch bei Luther zu finden.

Witzel sagt zurückblickend von sich, dass er in Erfurt das Baccalaureat errungen habe und danach für ein Jahr (1519) Pfarrschulmeister in seiner Heimatstadt wurde.

Über seine nächste Lebensstation schreibt er später nur kurz: *Darnach ynn meinem und der minder zal zwentzigsten iar bin ich gen Wittenberg gezogen / alda studirt xxviij (28) wochen / Welche zeit ich / wie etliche wolten / hett Magister werden moegen / Im selbigen iar bin ich aus hefftigem unauffhoerlichem geheiss meins vaters priester geweihet / und priester gebuer ordentlich und gluecksellig ausgericht*[18].

Witzel geht nicht näher auf die Gründe für seinen Schritt ein. Sicherlich hatte er zeitnah von den Vorgängen in Wittenberg gehört, die ganz Deutschland bewegten. In Vacha, an der Frankfurt-Leipziger Straße gelegen, war es nicht schwer über das Geschehen auf dem Laufenden zu bleiben. Im väterlichen Gasthaus „Zum Engel" hatte Witzel ständig mit Reisenden Umgang.

Auch als Schulmeister ergaben sich zwangsläufig Kontakte. Fast jedes Jahr strebten nach Absolvierung der Pfarrschule hiesige Bürgersöhne an die Universitäten, die natürlich ihrer Heimat, ihrem Lehrer oft noch verbunden waren.

Den Schritt Richtung Wittenberg erleichterte natürlich noch der Umstand, dass dort mit Fabricius ein Landsmann einen Lehrstuhl innehatte. Damals war es durchaus üblich, dass Professoren, als bestes Beispiel gilt Luther selbst, Schüler bei sich aufnahmen. Ähnliches ist auch bei Fabricius bezeugt. So wohnte in dessen Witten-

berger Haus 1510/1511 sein guter Freund Ulrich von Hutten. Diese Handhabe kann man getrost auch für Studenten aus seiner Heimatregion annehmen[19].

Witzels Aufenthalt für 28 Wochen lässt sich zeitlich leider nicht näher einordnen, da er in der Matrikel des Jahres 1520 fehlt. Es ist damit fraglich, ob er Luthers endgültigem Bruch mit der Papstkirche, der Verbrennung der Bulle und anderer Schriften am 10. Dezember beiwohnte.

Von seinem Wittenberger Ausflug holte ihn sein Vater Michael zurück. Diesem war der ausufernde Enthusiasmus des Sohnes für die neuen Ideen nicht entgangen, dem eigentlich eine Laufbahn als Geistlicher zugedacht war. Auf Drängen des Vaters erfolgte 1521 die Priesterweihe in Merseburg.

An der Pfarrkirche St. Vitus seiner Heimatstadt trat Witzel nun eine Stelle als Vikar an. Hier wurde er Kollege von Balthasar Raid[20]. Ab 1522/1523 predigen beide unter Duldung von Pfarrer Georg Ruppel im Sinne Luthers. Gemäß der neuen Lehre heiratete Witzel 1524 die Eisenacher Bürgerstochter Elisabeth Kraus, worauf er sein Amt in Vacha aufgeben musste. Als Mitarbeiter des Eisenacher Reformators Jakob Strauß erhielt er eine Pfarrstelle im nahen Wenigenlupnitz. Unter Leitung von Strauß kam es in der Region zur ersten evangelischen Visitation der Kirchengeschichte. Am 18./19. April 1525 führte Witzel lutherische Prediger in Sünna und Unterbreizbach ein. Der gleiche Wunsch wurde den Einwohnern des benachbarten Völkershausen verwehrt, worauf sie aufsässig wurden. Tags darauf sammelte sich vor dem Obertor Vachas ein Bauernhaufen. Der militärische Aufstand im Werratal hatte begonnen. Die Anführer, darunter der Hauptmann Hans Sippel aus Vacha, wurden später in Eisenach hingerichtet.

Bei diesem Sachverhalt ist es nicht verwunderlich, dass Witzel in Wenigenlupnitz als Aufrührer verdächtigt und aus seinem Amt vertrieben wurde. Nach längerem ziellosem Umherirren kam die junge Familie nach Wittenberg, wo sie vielleicht bei seinem Lehrer Fabricius Aufnahme fanden. Jedenfalls erhielt Witzel 1526 auf Empfehlung Luthers eine Pfarrstelle im nahen Niemegk.

Nach intensivem Studium der Kirchenväter begann Witzel sich in den folgenden Jahren langsam vom Luthertum zu entfernen. Reformvorschläge seinerseits wurden von den Wittenbergern abgelehnt. Nach Anfeindungen warf man ihn 1530 kurzzeitig in Belzig ins Gefängnis. Auf Luthers Fürsprache hin kam er wieder frei.

Im Jahr 1531 gab Witzel seine evangelische Pfarrstelle in Niemegk auf und kehrte zur alten (katholischen) Kirche zurück. Ein ehemaliger Mitstreiter Luthers entwickelte sich nun zu einem seiner schärfsten Gegner.

Ohne Amt und Einkommen begab er sich mit Frau und Kindern wieder in seine Heimatstadt Vacha, wo Georg Ruppel nunmehr als erster evangelischer Pfarrer wirkte. Ohne Anstellung beschäftigte sich Witzel jetzt mit Studien und literarischen Arbeiten. Von Vacha aus veröffentlichte er seine ersten Schriften, insgesamt weit über 100 Druckwerke! Ab dieser Zeit wirkte Witzel nachhaltig für die Kircheneinheit.

Georg Witzel pflegte zahlreiche Briefkontakte, die in seinem 1537 erschienenem Epistolarum gedruckt vorliegen. Die spätere Post ist größtenteils verlorengegangen. Korrespondiert hat er z. B. mit Bischof Julius Pflug in Naumburg, mit Crotus Rubeanus in Halle, mit dem sächsischen Kanzler Gregor Brück oder mit Johannes Cochläus, einem erbitterten Luthergegner. Auch zu seinem Wittenberger Lehrer Balthasar Fabricius hielt Witzel zwischen 1530 und 1536 Verbindung.

Vom Briefwechsel des Fabricius ist nur sehr wenig auf uns gekommen, obwohl zahlreiche Kontakte zu wichtigen Humanisten bekannt sind. So legen z. B. seine Besuche bei Mutianus Rufus in Gotha eine Korrespondenz nahe. Bereits 1505 berichtet ein gewisser Limitancus (Offizier in Gotha) Ungünstiges über Mutian an Fabricius[21].

Von den Briefen des Fabricius hat sich nach heutigem Kenntnisstand lediglich ein einziger erhalten. Es handelt sich dabei um eine feinsinnige Gelehrtenpost an seinen Wittenberger Kollegen Hermann Trebelius, der, als Jünger der Schwarzen Kunst, auch 1505/1506 für die Veröffentlichung sorgte.

Etwas besser sieht es mit der an Fabricius gerichteten Korrespondenz aus, die sich allerdings fast ausschließlich in Drucken erhalten hat. Bemerkenswert ist der in Bologna 1512 abgesandte Brief Ulrich von Huttens, welcher eine besondere freundschaftliche Verbundenheit erkennen lässt. Er ist zugleich eine lebendige Schilderung der dramatischen Lage des großen deutschen Poeten in Italien.

Den Hauptteil der überlieferten Post an Fabricius finden wir im Epistolarum seines Schülers Georg Witzel. Dessen Briefe erlauben einige Einblicke in die familiären Verhältnisse seines Lehrers. Witzel verteidigt 1530 ihm gegenüber auch den endgültigen Bruch mit den Wittenbergern. Die kurzweilige Darstellung der Lebensverhältnisse im Vacha des Jahres 1531 ist ein bemerkenswerter Beitrag zur Chronik der Stadt. Wir erfahren so von einer Hungersnot und vom Wüten der Pest.

2. Briefwechsel

2.1 Briefwechsel mit Hermann Trebelius

Fabricius an Trebelius (beide in Wittenberg), 1505 November 20[22].

Baltassar Fabricius Phaccus Hermanno Trebelio Isennacho Musarum sacerdoti.
Salve mi Hermanne. Venit nuper quidam Rutherus homo temerarius et audax, qui nulla habita honestatis ratione geniunos dentes exercere cepit. Non didicit ab Euripide vir procacissimus: linguam habere incastigatam morbum esse turpissimum. Nec memor versus, qui apud Graecos sentencialiter profertur: η γλωσσα πολλους εις ολεθρον ηγαγεν, id est lingua multos egit in perniciem. Ego hominem admonere cepi, meo iudicio, satis amice; nisi quod in fine minas (si pergeret obloqui) addidi. Ille per atram bilem delirans plus conviciatur, nunc me zoilum, nunc nasutum poetam, nunc discordem, nunc inertem et barbatum peditem dicit. Armatus Stoicorum patientia, maxime Epicteti duobus verbis: substine et abstine. Indignus aestimavi, cui a me male diceretur. Sed verbero apud indoctos gloriatur, patientia mea abutitur, rem putidulam circumfert et disseminat. Hinc motus: eius errores, quibus totus scatet ex centimetro. Sua manu ad hominem doctum scriptum collegi.

Balthasar Fabricius aus Vacha an Hermann Trebelius[23], dem Musenpriester aus Eisenach.
Sei mir gegrüßt Hermann; neulich kam ein gewisser Rutherus[24], ein ganz verwegener Mensch, der, ohne einen Funken von Anständigkeit zu haben, an mir anfing seinen Neid auszuleben. Hat doch der äußerst freche Mann von Euripides nicht gelernt: eine ungezügelte Zunge zu haben, ist die schlimmste Krankheit, und ich erinnere mich nicht mehr an den Vers, der bei den Griechen spruchhaft steht: Ihre Zunge trieb schon viele in das Verderben. Ich aber habe es übernommen, den Menschen zu ermahnen, nach meinem Urteil ganz freundschaftlich; abgesehen davon, dass ich am Ende ein paar Drohungen hinzugefügt habe (sollte er mit seinen Lästerungen fortfahren): Jener spuckt aber weiter Gift und Galle, schimpft noch mehr, bezeichnet mich bald als Kleinkrämer, bald als naseweisen Dichter, bald als Zwietracht schürenden, bald als nichtsnutzigen bärtigen Fußsoldaten. Doch ich bin mit stoischer Gelassenheit gewappnet, besonders mit den zwei Worten des Epiktet[25]: Bleib standhaft und halt dich fern! Für unwürdig habe ich gehalten, dass er von mir beleidigt wird. Aber der Schlingel rühmt sich noch bei den Ungebildeten, missbraucht meine Geduld, verbreitet und verstreut seine widerliche Sache. Von hier kommt der Antrieb dazu: seine Irrtümer, von denen es bei ihm nur so wimmelt: Das mit seiner eigenen Hand

Addidi et errores, quibus turpiter lapsus est. In viginti me tris, quae ad me nuperrime scripsit. Graecas litteras rudis et ignarus est. Latini sermonis nullam habet venustatem.

Tu mi Hermanne, qui de re litteraria et scribendo et excudendo pro facultate apud Germanos nomine bene mereris, quod apud Italos Aldus Manutius, haec ad te missa diligenti examinatione perpende. Vale studiorum nostrorum socius et adiutor. Wittenburgi ex technophio Musarum. Anno M.D.V. duodecimo Calendas Decembris.

an einen gelehrten Menschen Geschriebene habe ich gesammelt.

Auch die Irrtümer, denen er schändlicherweise verfallen ist, habe ich hinzugefügt. Dreiundzwanzig gegenüber mir, was er erst kürzlich an mich geschrieben hat. In griechischer Literatur ist er völlig unbeleckt. Seine lateinische Ausdrucksweise hat keinerlei Schliff.

Mein Hermann, der du dich um die Literatur durch die schriftstellerisch und wissenschaftliche Arbeit für die Rhetorik bei den Deutschen mit deinem Namen verdient machst wie es bei den Italienern Aldus Mantius[26] tut, prüfe die hier dir geschickten Zeilen sorgfältig.

Lebe wohl du Begleiter und Helfer in unseren Studien. Wittenberg, aus dem Kleinod der Musen.

Im Jahre 1505. Am 20. November.

Trebelius an Fabricius (beide in Wittenberg), 1505 November 22[27].

Hermannus Trebelius Isennachus Baltassari Fabricio Phacco Phoebaeo Antistiti Salutem.

Legi calumniatoris tui morsinculas: Certe rusticanum habes conviciatorem et supra modum barbarum, qui nulla humanitatis habita ratione, plumbea sua falce et ferrugine confecta tuam gloriam succidere conatur, qui non sine magno adulescentu profecto in Musarum contubernio degis atque natura et arte ad ea, quae humanitatem exornant et cultiorem reddunt, es accomodatissimus. Et ut dicam, quod sentio: Nostrum hoc novum gymnasium hactenus tuis studiis satis politum et tersum reddidisti. Verum ita infernales Furiae adventicium et peregrinum hospitem illum

Hermann Trebelius aus Eisenach grüßt Balthasar Fabricius aus Vacha, den Meister der Wissenschaft.

Ich habe die bissige Kritik deines Peinigers gelesen: Sicher hast du einen Bauern als Lästermaul und einen, der über das barbarische Muss hinausgeht, keine Rücksicht auf Bildung nimmt und mit seiner stumpfen, rostigen Sichel versucht, deinen Ruhm zu beschneiden. Du aber verbringst das noch nicht große Alter im Fortschritt der Musen und von deiner Natur und Fähigkeit her bist du dazu, was die Bildung schmückt und noch mehr verfeinert, überaus geeignet. Und ich will gleich sagen, was ich denke: unser neues Gymnasium hier hast du bis jetzt durch deine Bemühungen ganz

stimulant, ut plane caecus obtrectandi vehementia effectus sit. Oblatrat etiam, ut audio, magnis Solonibus et Lycurgis in hac urbe nostra iura profitentibus et licenter ac temere in omnes, quos oculi vident, loquitur.

Fiet hic alienigena novus Icarus atque Albi fluvio nova nomina imponet. Nam nimis alta volans qui petit, ille cadit. Sed iudicium nostrum de dentata illa bestia accipe. Mirum in modum dicta e se et sua iactat. Iudicio caret. Nodum vagituum oblitus in omnibus pueriliter cadit. Agrestis ab omnibus, elegantia (ubi tecum sentio) alienus. Poetae nihil habet praeter furore: non tamen, quem ceteri, divinum, sed diabolicum. Cum enim illius scripta revolverem, tot mendae, tot errores occurebant, ut plura illius errata quam verba cernerem. Tu calamum arripe et non nisi victor depone. Nisi enim istius paedagogi temeritas retundatur, omnia videtur corrupturus, in interitum tuum laborat, te tuaque omnia incendere atque infamare cogitat. Ego tibi in hoc certamine litterario Pylades ero daboque ad te, cum cura domestica sinet, quod in furiosum blatteronem leges epigramma. Vale bonorum studiorum litteratissime Fabriti Wittenburgii ex aedibus universitatis. Anno M. D. V. decimo Calendas Decembris.

schön auf Vordermann gebracht. Aber die höllischen Furien stacheln jenen von außen kommenden fremden Gast so an, dass er völlig blind von seiner heftigen Kritik wurde. Er bellt sogar, wie ich höre, die großen Solons und Lyrkurgen an, die in unserer Stadt hier eine Professur der Rechte haben, und äußert sich freizügig und willkürlich über all die, die seine Augen wahrnehmen.

Es wird dieser Fremde ein neuer Ikarus werden und er wird dem Fluß Elbe neue Namen geben. Denn wer im Flug zu Hohes anstrebt, fällt. Aber vernimm unser Urteil über jene zähnefletschende Bestie. Erstaunliches gibt er von sich und prahlt mit seinen Worten: er hat kein Urteilsvermögen. Ohne zu schreien, verhält er sich in allem wie ein Kind. Ungebildet wie ein Bauer und jedem Geschmack (wo ich mit dir fühle) fern. Von einem Dichter hat er nichts außer Leidenschaft, aber nicht wie die anderen eine göttliche, sondern eine teuflische. Denn wenn ich seine Schriften durchging, so begegneten mir dort so viele Fehler, so viele Irrtümer, dass ich mehr Versehen als Worte von ihm wahrnahm. Greif du zur Feder und lege sie erst zur Seite, wenn du gesiegt hast. Denn wenn die Blindwütigkeit dieses Pädagogen nicht zum Stillstand gebracht werden sollte, dann wird er, so wie es scheint, alles verderben: an deinem Untergang arbeitet er; dich und all deine Habe plant er anzuzünden und zu verleumden. Ich aber werde dir in dieser brieflichen Auseinandersetzung ein Pylades sein und werde dir ein Epigramm geben, das du, wenn es dein häusliches Studium erlaubt, gegen den blindwütigen Schwätzer lesen wirst. Lebe wohl du in den angesehenen Studien äußerst gebildeter Fabricius von der Universität Wittenberg. Im Jahre 1505, am 22. November.

2.2 Ein Brief von Ulrich von Hutten

Hutten (aus Bologna) an Fabricius (in Wittenberg), 1512 August 21[28].

Epistola Hutteni ad Phachum.
Non scribo nunc breves ad te literas, Phache, ob eam causam, quod itidem breves abs te expectem, sed quia illi qui afferunt, gravari se putant, si maiusculae extiterint. Verum tu mihi copiose de rebus omnibus scribito, quas ad me pertinere arbitraberis; etiam quod ad Trebellium communem amicum spectabit. Adhuc Vulcanum aemulor, verum aliquando miserabilius quam nuper: nescio an fortunae hoc potius quam temeritati meae adscribam, quod mihi in tenera aetate nullis malis subeundis peperci; gratulor tamen mihi, quod bonas literas sequendo ea, quae minime quaerebam, invenerim. Sed tu quid agis? Ducis an duceris? Id est ex tot puellis Saxonibus unam tibi matrimonio (quod nuper aliqui susurrabant) conscribis, an caput radis, ut dignus fias caelestis boni ruminando? An hoc, quod tu respondere solebas, Phachus manes? Libet paulum de me scribere, in umbilico mensis Aprilis Papiam Insubrorum urbem intravi, ibi ut ex instituto legibus operam darem. Quarto mense postquam intraveram, a Gallorum militibus, qui armati urbem adversus Helvetios tenebant, tres dies integros, quamquam etiam febre laborans, in angustissimo recessu domus obsessus sum, certusque mori hoc mihi epitaphium feci et scriptum apposui:

Brief von Ulrich von Hutten an Balthasar Fabricius.
Ich schreibe Dir jetzt keinen kurzen Brief, Phachus, weil ich von Dir einen ebensolchen kurzen erwarte, sondern weil die, die ihn zustellen, glauben, dass sie belastet werden, wenn er zu groß ausfällt. Es ist richtig, dass Du mir ausführlich über alle Dinge schreiben sollst, die nach Deiner Meinung mich etwas angehen. Auch was unseren gemeinsamen Freund Trebellius betrifft. Noch eifre ich dem Vulkan nach, freilich erbärmlicher als neulich: ich weiß nicht, ob ich das eher dem Schicksal als meinem Wagemut zuschreiben soll, weil ich mich im zarten Alter gescheut habe, unangenehme Dinge auf mich zu nehmen. Dennoch beglückwünsche ich mich dazu, dass ich in der Folge eines guten Briefes das, was ich keineswegs suchte, herausgefunden habe. Aber wie geht es Dir? Führst Du oder lässt Du Dich führen? Das bedeutet, suchst Du Dir eine aus so vielen sächsischen Mädchen zur Frau aus (was einige neulich flüsterten), oder rasierst Du Dir den Kopf, damit Du würdig wirst, das himmlische Gut herunter zu beten? Oder Du bleibst Phachus, was immer Deine Antwort war. Ich möchte ein wenig über mich schreiben, Mitte April kam ich in die Stadt Pavia der Insubrer, um dort wie es Brauch ist Jura zu studieren. Vier Monate nach meiner Ankunft wurde ich von französischen Soldaten, die die Stadt mit Waffen gegen die Schweizer hielten, volle drei Tage, obwohl ich sogar Fieber hatte, in strengsten Hausarrest gesetzt, und in der Gewissheit zu

sterben, habe ich mir diese Grabinschrift verfasst und dem Schreiben beigefügt:

Qui misere natus miserabile transiit aevum.
Saepe malum terra, saepeque passus aqua.
Hic iacet Huttenus: Galli nil tale merenti
Insontem gladiis eripuere animam.
Si fuit ex fato, ut totos male viveret annos,
Optatum est, quod tam corruit ille cito
Ipse suas coluit per mille pericula Musas,
Et quanti potuit, carminis autor erat.

Der arm geboren wurde, hat auch ärmlich sein Leben verbracht.
Oft hat er Unglück zu Lande, und oft zu Wasser erlitten.
Hier liegt Hutten, dem die Franzosen solches nicht verdienend die unschuldige Seele mit ihren Schwertern entrissen haben.
Wenn es ihm bestimmt war, seine ganzen Jahre schlecht zu leben,
so ist es erwünscht, dass jener so schnell dahinging.
Er selber pflegte durch tausend Gefahren seine Musen,
und soweit es ihm möglich, war er der Autor eines Gedichtes.

Paulo post haec capta ab Helvetiis urbe tamquam, qui castra Gallorum sequi solitus essem, ipse quoque captus sum, spoliatus et miserabiliter hinc inde pertractus, donec tandem amissis quibusdam bonis et pecuniis liberatus. Igitur hinc solvens deserta urbe omne genus turbis occupata, sanguine, fame et pestilentia infecta Bononiam mense Iulio petii. Bononiam, inquam, illud pulcherrimum doctissimorum virorum conventiculum, ubi tuas literas exspecto. Sed non quales scribis ad gregarios amicos tribus aut quatuor verbis absolvens. Vale et te cura; me nunc medicus. Vale iterum.
XII. Calendas Septembris Bononiae breviter ex more et familiariter.

Ulricus Huttenus

Kurze Zeit danach, nachdem die Schweizer die Stadt eingenommen hatten, geriet ich auch selbst in Gefangenschaft, als ob ich mich auf die Seite der Franzosen geschlagen hätte, wurde ausgeraubt und in erbärmlicher Weise bald hierhin, bald dorthin geschleppt, bis ich endlich nach Verlust einiger Güter und Gelder befreit wurde. Also brach ich von hier auf, verließ die Stadt, die von allen möglichen Menschenmassen besetzt, von Blut, Hunger und Seuchen heimgesucht war, und ging im Monat Juli nach Bologna. Nach Bologna, sage ich, jenem schönsten Versammlungsort der gelehrtesten Männer, wo ich Deinen Brief erwarte. Aber du schreibst keinen solchen Brief wie an gewöhnliche Freunde, der sich mit drei oder vier Worten begnügt. Lebe wohl und sorge für dich; für mich sorgt jetzt der Arzt. Lebe abermals wohl.
21. August, Bologna, [1512], in aller Kürze wie es Brauch und freundschaftlich.

Ulrich Hutten

2.3 Die Briefe von Georg Witzel

Witzel (aus Niemegk) an Fabricius (in Wittenberg), 1530 Februar 24[29].

APOLOGETICON AD M. B. F. adversus Criminatores.

Exigit DIVUS PAVLUS, UT PRESBYter deligendus bono testimonio comprobetur, et idem sedulo monet, ut delectus ita sese per omnia gerat, ne vel doctrinae sanae labem contrahat vel suae vitae gratia ministerium reprehendatur. Cuiusmodi mi N. quoties recolo, terrore quodam percellor considerans nimirum humeris impositum onus tam grave quam gravia nunc instant tempora. Et hactenus quidem ita vixi, ut criminatorem de me obloqui puduerit. Nec extitit, unde iure incusari a quoquam potuerim. Nunc vero cum maiore etiam cura vitem scandala et assiduus domi meae libris affixus rebus meis vacem, minus a criminatore tutus sum.

In cuius labris venenum aspidum, cuius lingua gladius acutus, cuius guttur patens sepulchrum, cuius oculi nequam et conscientia cauteriata est. Quid querar? Benefaciens criminor. Pia facta arrodunt inviduli pallentes. Sed nec tantillum oberunt. Nam conscientia mihi bona est et pura.
Cur enim ita cum Paulo non dicam, quicum et ego mihi nihil conscius sum? Nulla culpa pallesco nec terror accusatiunculis istis, quas scio esse calumnias, invidia matre natas.

Verteidigungsschrift an Magister Balthasar Fabricius gegen die Kritiker.

Der Heilige PAULUS bestimmt, dass bei der Priesterwahl der gute Leumund des Kandidaten ausschlaggebend sein soll, und er fordert auch mit Nachdruck, dass der Gewählte sich so in allen Dingen zu verhalten hat, dass er weder der richtigen Lehre schadet noch wegen seines Lebenswandels in seiner Amtsführung getadelt wird. So oft ich daran denke, überkommt mich ein Schauer und mir wird freilich die auf meinen Schultern ruhende Last klar, die so schwer wie die jetzt bevorstehenden Zeiten ist. Und bis jetzt habe ich zwar so gelebt, dass ein Kritiker sich geschämt hätte, mich zu beschimpfen. Und es gab auch keinen, von dem ich mit Recht hätte beschuldigt werden können. Jetzt aber, da ich mit noch größerer Sorgfalt Skandale vermeide und ständig bei mir zu Hause über den Büchern sitze und mich mit meinen Angelegenheiten beschäftige, bin ich weniger vor dem Kritiker sicher. Auf dessen Lippen ist Natterngift, dessen Sprache ist ein scharfes Schwert, dessen Kehle ist ein offenes Grab, dessen Augen taugen zu nichts und dessen Gewissen ist ein Brenneisen. Was soll ich klagen? Gutes tuend werde ich kritisiert. Von frommen Taten zehren die Leute, die grün vor Neid werden. Aber sie werden nicht den geringsten Schaden anrichten. Denn ich habe ein gutes und reines Gewissen. Warum soll ich denn nicht so mit Paulus sprechen, da ich doch wie er gar kein schlechtes Gewissen habe? Kein Schuldgefühl macht mir Angst und ich lasse mich nicht durch diese An-

Recte per DEUM immortalem sensit, qui cecinit: Servat multos fortuna nocentes. Et tantum miseris irasci numina possunt. Rei caput est: Accusor M. Ioannis Campani hospes menstruus. O coelum, o terra. Velim vero hic mihi, non qui alterutram iuvent partem, sed qui causam iuste reputent, ne accusator fiat insolentior aut reus opprimatur indicta re. Primo rogo, an non fores meae liberae esse et cuivis patere peregrino debeant, qui modo ita venit ut venit Campanus? Venit vero is cum litteris bibliopolae Mauritii commendaticiis. Venit mihi tam ignotus quam est unus e Massagetis. Venit optimi hominis et piissimi fratris speciem prae se ferens. Venit comitatus Dionysio quodam Brabantio, homine in litteris nostris, hoc est, sacris exercitato. Talem egon ab ostio meo arceam? Talem tecto, imo mensa etiam communi non digner? Fortasse vobis infamatoribus minus pecassem, si nugonem aliquem aut palponem excepissem, modo is non male apud vos audiret. At ego virum haudquaquam malum, litterarum studio insignem, moribus adeoque rebus omnibus ornatum excepi et excepi rogatus et excepi hoc libentius, quo magis mihi viri indoles adpareret. Quamquam, si liberet, possem rem totam a me uno verbulo amovere, nempe hoc: Non ego, sed Anthonius hominem hospitio suscepit. Sed quia facti huius ego Anthonio suasor extit, causam omnem in me reiectam volo, hospiti Anthonio in hoc gratum facturus.

klageversuche erschrecken, von denen ich weiß, dass sie nur Verleumdungen sind, geboren von der Mutter Neid.
Richtig hat der beim unsterblichen GOTT gedacht, der gesungen hat: Es bewahrt das Schicksal viele Schuldige. Und so sehr können den Armen die Götter zürnen. Es geht in der Hauptsache darum: Ich werde angeklagt, jeden Monat Gastgeber des Magisters Johannes Campanus[30] zu sein. Er kommt für mich so unbekannt daher, als sei er einer vom Skythenvolk der Massageter am Kaspischen Meer. Er kommt und erweckt den Anschein eines ausgezeichneten Menschen und sehr frommen Bruders. Er kommt in Begleitung eines Dionysios von Brabant, eines Menschen, der in unserer Literatur, das heißt der heiligen, sehr bewandert ist. Einen solchen Menschen soll ich vor meine Tür weisen? Ein solcher Mensch soll nicht unter meinem Dach, ja nicht einmal zusammen mit mir am Tisch zu sitzen würdig sein? Vielleicht hätte ich in euren Augen, ihr Miesmacher, weniger gesündigt, wenn ich irgendeinen Schwätzer oder Schmeichler empfangen hätte, nur in keinem schlechten Ruf müsste der halt bei euch stehen! Doch ich habe einen keineswegs schlechten, ja im Studium der Literatur hervorragenden, charakterlich und in jeder Beziehung vorzeigbaren Mann empfangen, und ich habe ihn auf seine Bitte hin empfangen und ich habe ihn um so leichter empfangen, damit sich mir desto mehr die Veranlagung des des Menschen offenbarte. Dennoch könnte ich, wenn ich wollte, die ganze Sache von mir mit einem Wörtchen zurückweisen, nämlich damit: Nicht ich, sondern Anthonius[31] hat den Menschen in seiner Herberge aufgenommen. Aber weil ich als Fürsprecher dieser Tat für Anthonius auf-

At inquis: Haeresi pollutum excepisti, nec non bonorum iuratum hostem, quicumque exitio rei Christianae studeat. Bona verba. Excepi neque haereticum neque ullius hostem neque pravum machinatorem, sed Campanum, sed fratrem, sed studiorum socium. Nec mihi apud ullos fraudi esse possit, etiamsi talem excepissem, qualem ipse depingis, quippe ignorans. Quod si crimini dare pergas, age, debebas fronti hominis inscalpsisse, qualis fuisset, ut hinc admonitus eum a domo prohibuissem. Neque enim tam sum Lynceus, ut in animi illius penetrale introspicere quiverim. Aut si a nemine colligendus erat hospitio Campanus, qui rogo fit, ut istud nullo aedicto antea caverit princeps?

getreten bin, will ich die ganze Sache auf mich nehmen und dem Anthonius diesen Gefallen tun.

Doch du wendest ein: Du hast einen von der Ketzerei Besudelten empfangen, und noch dazu einen eingeschworenen Feind des Guten, was für Ziele er auch immer für den Ausgang der christlichen Sache haben mag. Gute Worte. Doch habe ich weder einen Ketzer noch irgendeinen Feind noch einen üblen Intriganten, sondern Campanus, sondern einen Bruder, sondern einen Studienfreund habe ich empfangen. Und das könnte mir auch bei niemanden Schaden, auch wenn ich einen solchen Menschen empfangen hätte, wie du selber beschreibst, obwohl du ihn doch gar nicht kennst. Wenn du aber fortfahren solltest, mir Vorwürfe zu machen, hättest du dir dann nicht vorher den Menschen ansehen müssen, um zu beurteilen, was er für ein Mensch ist, damit ich von dieser Seite ermahnt, ihn von meinem Haus ferngehalten hätte. Denn ich habe keine Augen wie ein Luchs, um in die Seele eines Menschen hineinschauen zu können. Oder wenn Campanus bei niemanden hätte Unterkunft finden dürfen, so frage ich, wie ist das möglich, ohne dass ein Fürst das vorher angeordnet hätte?

Adeoque cur Vuittembergae eum, non mensem unum atque alterum, sed aliquot annos passi sunt? Si hic dicas: Quis omnis nouit? Idem ego pro me dico. Quod si exactum, si profligatum exulemque et iudicatum hostem suscepissem, quis omnium miraretur accusationem? E Vuittemberga expatientem, non fugatum suscepi, et eum, qui ob nullum scelus neque patratum neque patrandum ad nos deambulavit, sed qui orthodoxos scriptores a Stechavio nostro mutuum acceptos evolveret ac consuleret.

Und warum hat man ihn dann gerade in Wittenberg nicht ein oder zwei Monate, sondern einige Jahre geduldet? Wenn du hier einwenden solltest: Wer kennt ihn denn überhaupt? Dasselbe sage ich für mich. Wenn ich eben einen Vertriebenen, wenn ich einen ins Exil gestoßenen und verurteilten Feind aufgenommen hätte, wer von allen Leuten würde sich dann denn über eine Anklage wundern? Jemanden, der von Wittenberg sich ausbreitet und nicht vertrieben worden ist, habe ich auf-

Cuius negotii tamen neque me neque Anthonium conscios umquam esse voluit, homo rerum suarum mirus occultator. Illud de ipso affirmare ausim nempe diligentiorem scriptorum veterum lectorem et iudicem me vix in vita cognovisse. Lector erat diurnus et nocturnus, sibi ipsi nihil parcebat, genium defraudabat, vita sobrius, conversatione honestissima, verborum perpaucorum, gestibus laudatis, breviter talis, quem ego suspicere potui, abominari aut odisse non potui. Et cur non idem de Campano elogium referam ipse, quod de Davide rex Achis: Est, inquit ille, apud me David annis et diebus, nec inveni in eo quicquam mali, a die, qua ad me venit, usque in hunc diem. Et quid vetat, quo minus cum Abimelech sacerdote et hospite eiusdem Dauidis hospitem meum excusem, ubi Saul perrexit coniurationem causari? Quis, dixit ille, in omnibus servis tuis sicut Dauid fidelis? etc. Novi profecto quam optime doëgitas meos. Novi Zyphaeos, qui meam animam hostiliter quaerunt. Sed tamen tempus innocentiam meam illustrabit, et illorum patefaciet malevolentiam. Dominus inultam diu non patietur. Iustus enim est et rectum comminans iudicium.

genommen und jemanden, der wegen keines begangenen noch beabsichtigten Verbrechens zu uns gereist ist, sondern jemanden, der die orthodoxen Schriftsteller von unserem Stechavius[32] ausgeliehen und gelesen und um Rat gefragt hat.

In dieser Angelegenheit jedoch wollte er weder mich noch Anthonius jemals einweihen, denn er ist ein Mensch, der auf wunderbare Weise seine Sachen für sich behält. Das über ihn selbst zu behaupten wollte ich wagen, ja ich möchte sogar behaupten, keinen sorgfältigeren Leser und Beurteiler der alten Schriftsteller je in meinem Leben kennen gelernt zu haben. Er las Tag und Nacht, legte sich selber keine Schonung auf, gönnte sich nichts, untadelig in seinem Lebenswandel, mit sehr gepflegten Umgangsformen, äußerst sparsam in seinen Worten, mit lobenswerten Taten, kurz gesagt: eines solchen Menschen, den ich aufnehmen konnte, hätte ich nicht verabscheuen oder hassen können. Und warum soll ich selber nicht dasselbe Loblied über Campanus anstimmen, wie es der König Achis[33] über David tat: Es ist, sagte jener, bei mir David Jahr und Tag, und ich habe bei ihm nichts Schlechtes gefunden, von dem Tag an, da er zu mir kam bis zum heutigen Tag. Und was verbietet, dass ich mit dem Priester Abimelech[34] und Gast desselben Davids meinen Gast entschuldige, als Saul[35] fortfuhr, eine angebliche Verschwörung in die Welt zu setzen? Wer, sagte jener, ist von all deinen Dienern so treu wie David? usw. Ich kenne in der Tat am besten meine Dogmatiker. Ich kenne die Zyphäer, die meine Seele feindlich heimsuchen. Aber dennoch wird die Zeit meine Unschuld erhellen und die Böswilligkeit jener Leute aufdecken. Der Herr wird sie nicht lange ungestraft dulden. Gerecht nämlich ist er und das richtige Urteil wird er fällen.

Si ultionem suspenderit usque ad diem illum magnum horrendumque, nec hoc animo meo displicebit. Scio me per invidiam vexari, scio, undenam omne odium fluat. Non enim plane peccatum esse potest hoc, quod Campano exhibui, sed officium. Si peccatum esset, diu sensissem hoc in conscientia indicante nimirum lege. Sed quid ob haec verba facio? Gaudio esse mihi debet, et est, quod in causa bona, hoc est φιλόξενος, patiar. Nam malo beneficus quam maleficus pati. Μϊσόξενος esse non possum, cum ipse xenus hac in terra cum tota familia sim, Praeterea hortatur me ad philoxeniam praeceptum DEI mei toties in Apostolicis epistolis repetitum. Postremo ipsa hoc suadet naturae lex. Verum, quod ob philoxeniam nunc ceu ob κακωργίαμ patior, mihi cum multis piissimis hominibus commune est. Lot (utinam huius iustiam haberem) affligebatur, quod esset hospes piorum. Ionathas a patre damnatur, quod Davidi esset familiarior. Rahabae hospita domus uexatur ab aduersariis, propter peregrinos non collectos modo, sed et absconsos liberatosque. Sed nullum est exemplum accommodatius quam quod de Iasone Thessalonico narrat S. Lucas. Is obtorto collo ad Polεitarchas trahitur non sine uitae rerumque omnium discrimine. Ob quod, quaeso, flagitium? Nullum profecto, sed ob beneficium magis hospitalitatis.

Wenn er die Strafe bis zu jenem großen, gefürchteten Tag verhängt, dann wird auch dies ganz in meinem Sinne sein. Ich weiß, dass ich aus Neid verfolgt werde, ich weiß, woher nämlich der ganze Hass kommt. Denn überhaupt keine Sünde kann das sein, was ich Campanus erwiesen habe, sondern es war meine Pflicht. Wenn es eine Sünde wäre, hätte diese lange Zeit mein Gewissen belastet, wenn die Bibel freilich sie als solche bezeichnen würde. Aber was tue ich gegen diese Worte? Freuen muß ich mich und der Grund ist, dass ich in einer guten Sache, das heißt als Gastfreund leide. Denn lieber will ich als Wohltäter denn als Übeltäter leiden. Gastfeind kann ich nicht sein, wenn ich selber ein Gast auf dieser Erde mit meiner ganzen Familie bin. Außerdem ermahnt mich zur Gastfreundschaft das Gebot meines GOTTES, das so oft in den Briefen des Apostels wiederholt wird. Schließlich rät dies das Naturgesetz selbst. Doch die Tatsache, dass ich wegen meiner Gastfreundschaft jetzt so leide, als ob ich ein Verbrechen begangen hätte, teile ich mit vielen frommen Menschen. Lot (wenn ich doch dessen Gerechtigkeit hätte) wurde vom Schicksal dafür geschlagen, dass er Gastfreund der Frommen war. Jonathas wird von seinem Vater dafür verurteilt, dass er zu freundschaftlich mit David verkehrte. Rahabs gastliches Haus wird von Feinden heimgesucht, nicht nur wegen der Fremden, die er dort versammelte, sondern wegen der Menschen, die sich dort verbargen und retteten. Aber es gibt kein passenderes Beispiel als das, was der Heilige Lukas über Jason aus Thessaloniki erzählt. Dieser wird mit herumgedrehtem Hals vor die Stadtoberhäupter geschleppt, nicht ohne Gefahr für Leib und Leben. Wegen wel-

Nam Paulum aliosque in domum suam exceperat, hoc est, fecerat quod sibi fieri voluisset. Atqui, ais, tu non Iason es, neque Campanus Paulus.

Recte, at quod praestitit Paulo Iason, cupivi ipse praestare communi fratri, idque pari animo, sin minus parifacto. Iam demonstrandum accusatori erat, qua- nam in re tam malus tamque reprobus sit Campanus, et cur ita vitandus.

Dixi me bonum virum hospitio excepisse, ast alius diversum adferat. Si satanae vas, age, probetur. Ipse vas DEI electum, et cognovi Campanum, et praedicavi, neque enim secus, vel emoriar, de eo loqui possum. Nec ullum spero me adacturum, ut vel huic, vel quibusvis aliis in Germania contra conscientiam maledicam, aut detraham, qui videlicet neque in me peccarunt, neque in alios videntur iniqui, neque (quod cum primis dictum oportuit) contra fidei Catholicae analogiam sentiunt. Quod si nunc Campanus aliqua prodidit, quae vel absurda, vel etiam a veritate simplici aliena esse videntur, mihi certe nihil periculi inde timendum est, maxime, quem caelarit sua molimina. Et per Dominum iuro, si mihi hic de synaxi vel syllabam retexit.

cher Schandtat, bitte: Keiner in der Tat, sondern vielmehr wegen seiner Wohltat, Gastfreundschaft erwiesen zu haben. Denn er hatte Paulus und andere in seinem Haus empfangen, das heißt, er hatte getan, was er gewollt hätte, das man ihm tut. Doch, wendest du ein, du bist ja nicht Jason und Campanus ist auch nicht Paulus.

Recht hast du, doch was Jason Paulus erwiesen hat, das wollte ich selber auch einem gemeinsamen Bruder, das heißt einem, der gleichen Geistes ist, zumindest der so ähnlich denkt, erweisen. Schon müsste der Ankläger beweisen, worin denn Campanus so schlecht und so verwerflich ist und warum er denn so gemieden werde muss.

Ich habe gesagt, ich hätte einen guten Mann mit Gastfreundschaft empfangen, soll doch einer dagegen etwas vorbringen. Ist er der Anwalt des Teufels, so soll er gebilligt werden. Ich selber bin GOTTES auserwählter Anwalt und habe Campanus kennen gelernt und ihn gepriesen, denn nichts Schlechtes, oder ich will sterben, kann ich über ihn sagen. Und ich hoffe, mir wird keine Meinungsäußerung mehr aufgedrängt in der Art, dass ich über diesen Mann oder irgendwelche anderen Leute in Deutschland gegen mein Gewissen Schlechtes verbreiten oder sie in den Schmutz ziehen soll, Leute, die augenscheinlich weder gegen mich sich versündigt noch gegen andere sich ungerecht verhalten haben noch (was man hätte zuerst sagen müssen) gegen die Einheit des katholischen Glaubens eingestellt sind. Wenn aber jetzt Campanus etwas geäußert hat, was entweder abwegig oder auch nur fremd der einfachen Wahrheit zu sein scheint, dann müsste ich sicher keinerlei Gefahr von dieser Seite befürchten, besonders ich, dem er ja seine Bestrebungen verheimlicht hat. Und ich schwöre

Apud Marpurgum ipso die, quo eram abiturus, nonnihil sua de sententia, vel non sciscitanti aperuit. Quam tantum abest, ut probarim auditam, cum ad hunc usque diem satis, quid sibi velit homo peracer, nondum intelligam. Fortasse et alia progressu temporis publicaturus est, num ideo illa, quaecumque tandem fuerint, me involvere poterunt: O aequos homines, o principes Ecclesiae DEI in terris. Si vobis cum Campano parum convenit, quid me arguitis? Aut egone illius sua in causa defensor patronusque? Habebatis eum nuper, cur cum eo non de causa agebatis?

Quis ego AEsopica fontem turbavi, et sus dependo acina, qui vineae nihil obfui? In me faba cuditur, homine omnium innocentissimo. Sed subodoror odii seminarium. Aiunt eum accuratius perlustraturum omnium recentiorum scripta, ut vel eo pacto illi doceantur, quam res foeda sit temere praecipitare libellos, et quam perniciosa sine iudicio evomere, quicquid nostro palato rectum uidetur non probe excussis, sed obiter gustatis modo scripturis. Utcumque est, alienus ego a Campani negotio sum, et tacere illum iubeo, qui, si aliud nihil potest, Campanum in me persequitur.

beim Herrn, wenn dieser mir über eine Liturgie auch nur ein Wörtchen mitgeteilt hätte!

In Marburg[36] legte er am selben Tag, an dem ich abreisen wollte, einige Standpunkte seiner Meinung, auch einem, der nicht danach fragte, dar. Wie weit bin ich davon entfernt, dass ich das Gehörte billigte, wenn ich das, was der sehr eifrige Mensch sich vorstellt, bis zum heutigen Tag noch nicht ganz verstehe. Vielleicht wird er auch noch anderes im Laufe der Zeit veröffentlichen, kann mich denn dann noch das, was einmal gewesen ist, berühren? Oh gerechte Menschen, oh Leiter der Kirche GOTTES auf Erden! Wenn euch an Campanus zu wenig passt, was beschuldigt ihr dann mich? Oder bin ich jenes Menschen Verteidiger und Anwalt in seiner Sache? Ihr hattet ihn neulich bei euch, warum unterhieltet ihr euch da nicht mit ihm über seine Sache?

Habe ich denn Äsop die Quelle getrübt und hänge ich als Traube oben, der ich dem Weinstock keinen Schaden zugefügt habe? Auf mir werden Bohnen zu Brei zerstampft, mir dem unschuldigsten aller Menschen. Aber ich rieche daraus den Samen des Hasses. Man sagt, er habe die Schriften aller kürzlich Erschienenen zu genau untersucht, so dass sogar dadurch jene verbreitet werden, die lehren, wie schädlich es ist, auf jedes kleines Büchlein sich blindlings zu stürzen, und mit verderblich, ohne ein zuvor getroffenes Urteil alles auszusprechen, was unserem Gaumen gerade nicht behage, wenn wir uns nicht genau mit den Schriften beschäftigen, sondern sie nur oberflächlich genossen haben. Wie dem auch sei, ich habe mit der Angelegenheit des Campanus nichts zu tun und fordere ihn auf zu schweigen, der in mir den Campanus verfolgt, wenn er sonst nichts ausrichtet.

Si cui cum illo res est, is scribat in illum, ita tamen, ne mutua alteratione ueritas amittatur. Nemo suae gloriae et authoritati consulat, sed rei Christianae, quae numquam vehementius laboravit. Homo is sum, qui, si impia a Campano hic proposita audissem, non tulissem. Optavi saepenumero, ut tales animos plures haberet Ecclesia, qui tanta fide tantoque arderent zelo.	Wenn jemand mit ihm eine Auseinandersetzung hat, so soll er doch gegen ihn eine Streitschrift verfassen, jedoch in dem Rahmen, dass bei allem Wortwechsel die Wahrheit nicht zu kurz kommt. Niemand soll nun für seinen eigenen Ruhm und sein Ansehen sorgen, sondern für die christliche Sache, die zu keiner Zeit in einer größeren Notlage war. Ich bin ein Mensch, der, wenn er etwas von Campanus gehört hätte, das nicht mit Gottes Wort zu vereinbaren wäre, es nicht zugelassen hätte. Ich wünschte mir oft, die Kirche hätte mehr solche Geister, die von solcher Glaubenskraft und solchem großen Eifer brennen.
Nunc si talis perversus est, quod vix adducar, ut credam, age, mihi nihil perit nec fit mea culpa nec voluntate. Domi meae malus factus non est, si antea bonus fuit. Nec a me hausit, quae scriberet. Vale. HABES, quid mihi pepererit Iuliacense commercium, ut, sed facti me nondum poenituit, quo aliud nimirum plus veniae vix mereatur.	Nun, da so über ihn hergezogen wurde, so dass es mir schwer fällt zu glauben, macht es mir doch nichts aus, auch geschieht es nicht durch meine Schuld noch durch meinen Willen. In meinem Haus ist er nicht schlecht gemacht worden, wenn er vorher gut war. Und von mir hat er nicht geschöpft, was er schrieb. Lebe wohl. Du weißt, was mir der Jülicher Handel eingebracht hat[37], so dass ich, aber die Tat habe ich noch nicht bereut, dadurch kaum mehr auf Gnade hoffen kann.
Gratularis reduci e certamine visitatorum, et amice facis. Certamen profecto erat, nec incruentum.	Du gratulierst mir dazu, dass ich mich aus dem Streit mit den Visitatoren zurückziehe und gibst dich freundschaftlich. Ein Streit war es in der Tat, und kein unblutiger.
Sed non omnis in arvis AEmathiis cecidi nec sic mea fata premuntur, ut nequeam levare caput. Quid vero actum sit, habeo in schedis. Pars modica huius fuit Campanus, de quo tibi haec scribens sex horas pendo. Quid vis? Ad tarpeium rapiendus eram, si vel unicum errunculum in doctrina vel in vita flagitiolum deprehendissent. Hyaenae famelicosissimae erant, sed hic nihil praedae. Si me authoritate et vi gladii coaercebunt, ne de pessimo ecclesiae suae	Aber nicht ganz bin ich auf den Fluren Thessaliens gefallen und ich werde auch nicht so vom Schicksal bedrängt, dass ich nicht den Kopf zu heben vermag. Was aber geschehen ist, habe ich auf meinen Papierblättern. Ein kleiner Teil davon war Campanus, über den ich dir dies zu schreiben schon sechs Stunden dranhänge. Was willst du noch? Zum tarpeischen Felsen müsste ich geschleppt werden, hätten sie auch nur einen einzigen kleinen Irrtum

statu amplius querar, Aristophanicos illos mussatores imitabor et dicam μῦ μῦ μῦ. Tu bene vale.
Nymeciae XXIIII. Februarii. Anno M.D.XXX.

in seiner Lehre oder eine einzige kleine Schandtat in seinem Leben aufgedeckt. Wie ausgehungerte Hyänen waren sie, aber hier war keine Beute zu machen. Wenn sie mich auch dann durch die Macht und die Gewalt des Schwertes zwingen, nicht mehr weiter über den katastrophalen Zustand ihrer Kirche zu klagen, dann werde ich die aristophanischen Wespen nachahmen und sagen: mi, mi, mi. Du lebe auf jeden Fall wohl.
Niemegk, 24. Februar. Im Jahre 1530.

MI LECTOR, haec scripsi ad amicum multo ante quam huc pervasisset rumor de Trinitario Campano. Quamquam et hoc ipsum, quod sit trinitarius nuspiam legi nec a quoquam audivi nisi ab uno Luthero, communi utriusque hoste. Quod si verum est, apage portentum illud. Sin vanum, respondere habent accusatores hominis. Ad me nihil attinet, seu verum sit, seu vanum. Hocne nescires, amice, volui.

MEIN LESER, dies habe ich an einen Freund geschrieben, lange bevor das Gerücht über den Trinitarier Campanus hier eingetroffen war. Dennoch habe ich eben das, dass er ein Trinitarier sei, nirgends gelesen und ich habe es auch von keinem gehört, außer von einem Lutheraner, einem gemeinsamen Feind von beiden. Wenn das aber wahr ist, dann fort mit jenem Scheusal! Wenn es aber unbegründet ist, so müssen die Ankläger des Menschen sich melden. Mich geht das nichts an, ob es wahr oder unbegründet ist. Dass du das genau weißt, mein Freund, habe ich gewollt.

Witzel (aus Niemegk) an Fabricius (in Wittenberg), 1530[38].

B. F. S. P.[39]
PERQVAM AMICE FACIS, QUOD PRIor scribas. Solebam ego alios ad calamum extimulare, sed porro fit, ut ipse ab aliis sim extimulandus. Nam pigere me otiosi istius generis scribendi, sive potius nugandi fere coepit, et obruor professionis meae seriis negotiis. Neque tamen quenquam minus amo. Amici, patroni, conterranei colendi et observandi, ut semper, estis: et coiit arctius inter nos vetus amicitia, quam ut insolenti

An Balthasar Fabricius mit herzlichstem Gruß!
Du bist sehr darauf bedacht, mein Freund, als Erster zu schreiben. Gewohnt war ich, andere zur Feder zu drängen, aber jetzt werde ich selbst von anderen dazu gedrängt. Denn diese Art der wissenschaftlichen Korrespondenz nervt mich allmählich oder vielmehr die Schwätzerei, und ich stürze mich in die ernsthaften Aufgaben meines Berufes. Aber dennoch liebe ich keinen weniger. Als Freunde, Schutz-

silentio aliquo, nec eo longo tamen, solvi queat. Sed quid quaeso scriptitem? Tempus nunc longe pessimum, longe grauissimum instat, idque adeo, ut ira DEI mundum abiecisse propemodum videatur. Querelae meae, damnatae Ἡρώϊ, iustae non solum, verum etiam iustissimae reperiuntur. Liberavit animam meam audax in domino calamus. De rei exitu viderint alii. Frustra celebrarunt Comitia primores, quod ego vaticinabar, temporum iniquitate adductus. Res omnis exasperatior est, atque fuit antea. Ommia periculose feruntur ac nutant. Nec tamen minus sunt, qui clamitent ἰώ Παιάν. Annonae penuriam: subtimeo: orituri belli vastitas superabit, sin minus bellum, pax longa et mala securitas pietatem honestatemque sensim enervabit.

herren, Erdbewohner müsst ihr verehrt und geachtet werden wie immer: und dann wird die alte Freundschaft enger zwischen uns werden als sie durch irgendein unangebrachtes Schweigen, auch wenn es nicht lange anhält, aufgelöst werden könnte. Aber was soll ich denn wieder schreiben bitte? Eine ganz üble Zeit, eine ganz bedrückende Zeit steht jetzt bevor, und zwar so sehr, dass GOTTES Zorn die Welt fast aufgegeben zu haben scheint. Meine Klagen, verdammte Heroinnen, stellen sich nicht nur als gerechtfertigt, sondern sogar als völlig gerechtfertigt heraus. Befreit hat meine Seele die beim Herrn freche Schreibfeder. Um den Ausgang der Sache werden sich andere gekümmert haben. Vergeblich haben die Adligen die Wahl gefeiert, was ich aufgrund der Ungerechtigkeit der Zeiten prophezeite. Die ganze Sache ist aufwühlender als sie es schon vorher gewesen ist. Alles wird in gefährlicher Weise ertragen und ist unsicher. Aber dennoch gibt es keine Leute, die "Oh, Paian!"[40] rufen. Getreidemangel fürchte ich heimlich; die Verwüstung des beginnenden Krieges wird siegen; wenn nicht der Krieg, wird ein langer Frieden und eine trügerische Sicherheit die Frömmigkeit und den Anstand allmählich aushöhlen.

Nos interim bene curata cuticula altum stertimus, stulte nobis placentes de verbo DEI et Ecclesiae flore, sed utrumque ignis probabit. Neque enim video, quid magnopere probare possis, detracta Leonina. Πιθανολογιαν ταυτου semper exhorrui, posteaquam hanc mihi Paulus suspectam reddidit. Iudicare, scrutarique et pie indagare cuivis, opinor, licet: Et eo sol ascendit, ut cernere nonnihil possis. Quod si tale nolunt, de clarabitur nimirum res, et auriculae ignavum Priapi animal pro-

Wir, deren Haut gut versorgt ist, schnarchen in der Zwischenzeit tief dahin, während wir uns in dummer Weise mit GOTTES Wort und der Blüte der Kirche begnügen, aber beides wird das heilige Feuer anerkennen. Ich sehe nämlich nicht, was du Gott, was du ihm besonders erweisen könntest, wenn man die Wort Papst Leos[41] außer acht lässt, dessen Überredungskunst mich immer abgeschreckt hat, nachdem mir Paulus diese als verdächtig klargemacht hat. Zu urteilen, zu untersuchen und zu for-

dent. *Vuernhero nostro scripsi, dolori hominis mederi cupiens. Stendeliana seditio repressa est irato gladio. Turchicus exercitus Moravios seu Quados attigisse fertur.*

schen ist jedem, wie ich meine, erlaubt. Und die Sonne steigt nur so hoch, dass du etwas erkennen kannst. Wenn sie das nicht so wollen, dann wird sich zweifellos die Sache klar herausstellen, und ihre Öhrchen werden das faule Tier des Priapus[42] verraten. Unserem Werner habe ich geschrieben mit dem Wunsch, den Schmerz des Menschen zu heilen. Der Aufstand in Stendal ist mit zornigem Schwert unterdrückt worden. Das türkische Heer[43] habe die Moravier oder Quaden[44] angegriffen, so wird berichtet. Einige Städte werden sich sicher in

Nonnullae civitates ad Papismon relabuntur. Nec enim durabit diu tumultuaria Ecclesia nostra, sive Secta potius, ab humana pendens potentia.
Bene vale.
Apud Nymeciam. Anno M.D.XXX.

die Abhängigkeit des Papstes begeben. Denn nicht lange wird der Streit in unserer Kirche noch andauern, oder vielmehr die Abspaltung, die von menschlicher Macht abhängt.
Bleib gesund!
Bei Niemegk, im Jahre 1530.

Witzel (aus Niemegk) an Fabricius (in Wittenberg), 1530[45].

EIDEM (B. F.) S. P.[46]
PEDIBUS QUAM CALAMO LIBENTIus ad vos venirem, si per male adfectam valetudinem liceret, qua usque adeo nunc degravor, ut ne digitis quidem meis uti in scribundo epistolio queam.
Lectas violas, praesertim vero Homericum Moly e carcere domum mecum attuli, quo sit, ut scabram pellem exercere unguibus et saniem purulentam linteolo detergere me continuo oporteat: haecce mea studia sunt. Bene precor Conventui Principum apud Augustam Sueviae. O utinam atque iterum o utinam illic, quae sunt Ecclesiae salutaria et Rei publicae utilia, Spiritu ac sapientia DEI duce, agitentur. Sin secus, veniat dominus IESUS et in cinerem vertat orbem terrarum. Ad quid enim differt

An Balthasar Fabricius mit herzlichstem Gruß!
Zu Fuß lieber als mit der Schreibfeder würde ich zu Euch kommen, wenn es mir durch meine schlimm angegriffene Gesundheit erlaubt wäre, mit der ich bis jetzt belastet werde, so dass ich nicht einmal meine Finger beim Schreiben eines Briefleins gebrauchen kann. Ausgesuchte Veilchen, besonders aber die homerische Molyzauberpflanze, habe ich aus dem Gefängnis[47] mit mir nach Hause gebracht, damit ich sie dort habe, da ich ständig meine rauhe Haut mit den Nägeln kratzen und meine eitrige Wunde mit einem Tüchlein reinigen muss: das sind meine Aufgaben. Aufrichtig bete ich für die Versammlung der Fürsten in Augsburg[48]. Oh, wenn doch und nochmal: oh, wenn doch

extrema consumatio, si praeter pessima quaeque in mundo nihil videre, nihil audire debemus? Desideria nostra in nobis ardent, succensa nimirum ab eo, qui est ignis consumens.

dort darüber verhandelt würde, was für die Kirche heilsam und für den Staat nützlich ist, unter der Führung des Geistes und der Weisheit GOTTES! Wenn nicht, so soll der Herr JESUS kommen und den Erdkreis in Asche verwandeln. Worauf weist nämlich die außerordentliche Verschwendung hin, wenn wir außer alles Schlechte in der Welt nichts sehen, nichts hören dürfen? Unsere Sehnsüchte brennen in uns, entfacht freilich von dem, der das verzehrende Feuer ist.

De rebus Turchicis, si quid veri comperisti, significa. Si is DEI consilio missus est Flagellator Christianorum, vae Europeis regnis: Sin ex se ipso est institutum, sicut vas figuli conquassabitur tyrannus. Hostium meorum atrocissimum vita hac defunctum esse scribis, quem si poenitentem dominus offendit, gaudeo, sin minus, doleo. Novit is, qui nihil nescit, quam saepenumero eius hominis in precationibus meis mentionem fecerim. Scribe, quando et quali morbo decesserit. A me ut iniuriam condonem sibi, numquam expetivit. Condonavi tamen meapte sponte, id quod pridem. Optandum vero sit, ut in coelis aeque promptam condonationem ante obitum fuisset assecutus. Nolim illi imprecari, ut tam certo eiceretur in tenebras exteriores quam certo me ille in exilium eiecit; ob nihil aliud quam quod Baptistae vocem perpetuo iterarem: Non licet tibi et cetera.

Über die türkischen Angelegenheiten gib Bescheid, wenn Du etwas Wahres erfahren hast. Wenn er [der Türke] nach dem Ratschluss GOTTES als Geisler der Christen geschickt wurde, dann wehe den europäischen Reichen: Wenn es aber von ihm selbst so eingerichtet wurde, dann wird der Tyrann wie ein Töpfergefäß zerschlagen. Du schreibst, dass meine ärgsten Feinde ihr Leben beendet haben; wenn GOTT auf einen Reue Zeigenden trifft, dann freut es mich, wenn nicht, dann schmerzt es mich. Der weiß Bescheid, der nichts weiß, wovon ich oft in meinen Predigten auf einen solchen Menschen hingewiesen habe. Schreibe, wann und an welcher Krankheit er verschieden ist. Dass ich von mir aus ihm ein Unrecht verzeihe, hat er niemals verlangt. Dennoch habe ich es ihm aus eigenem Antrieb verziehen, und das auch schon früher. Zu wünschen ist aber, dass im Himmel gleichermaßen ein sofortiges Verzeihen vor dem Tod erfolgt sei. Ich möchte jenem keinen Fluch anhängen, damit er so sicher in die tiefste Finsternis gestoßen würde wie er mich sicher in die Verbannung verstoßen hat; aus keinem anderen Grund würde ich ständig das Wort des Täufers wiederholen: Dir ist

Reprehensio magnatum certa mors est. Quae res plurimis exemplis claret. Bene vale.
Nymeciae. Anno M.D.XXX.

nicht erlaubt …[49] usw. Ein Tadel der Mächtigen ist der sichere Tod. Dies erhellen sehr viele Beispiele. Lebe wohl!
Niemegk, im Jahre 1530.

Witzel (aus Niemegk) an Fabricius (in Wittenberg), 1531 Sommer[50].

M. B. F. S. D.
VALEMUS ADHUC DEI BENEFICIO. Georgius meus decem plus dies dysenteria laboravit, sed clementissima. Non enim inde minus lusitabat, garriebat, victitabat. Excrementum omne sanguis et ater, nonnumquam rubiusculus, saepe merus. Speramus exulcerationem sopitam. Me meus morbus per sesquimensem non repetiit. Hunc medico tibi nominarem, si tam mihi eius esset cognitum nomen quam expertum est tormentum. Certe a Scotomia coepit, idque ante biennium et quattuor menses. Doctor Augustinus indicavit inspecto lotio peripneumoniam esse, id quod ego non contemnens, mire multa et varia adversus eam sumpsi. Alii putant Catarrum esse propter humiditatis fluores. Tales nuper noctu per nares multos sensi.

Gruß an Magister Balthasar Fabricius!
Uns geht es dank GOTTES Gnade bis jetzt gut. Mein Georg[51] litt mehr als zehn Tage an der Ruhr, aber in einer sehr milden Form. Daher spielte er, schwatzte er und ließ es sich wie immer gut gehen. Der ganze Auswurf ist schwarzes, manchmal auch rötliches Blut, oft auch reines Blut. Wir hoffen auf Genesung durch den Eiterabfluss. Mich suchte meine Krankheit nicht mehr für anderthalb Monate heim. Ich würde Dir, einem Arzt, diese nennen, wenn mir ihr Namen ebenso bekannt wäre wie die Qual, die ich durchlitten habe. Sicher fing sie seit der Augenerkrankung an, d. h. vor zwei Jahren und vier Monaten. Doktor Augustinus[52] bezeichnete sie nach einer Untersuchung des Urins als Lungenentzündung und diese Meinung nicht verwerfend nahm ich sehr viele verschiedene Mittel dagegen ein. Andere meinen, dass es sich um einen Katarrh wegen des feuchten Ausflusses handele. Solche Ausflüsse durch die Nase verspürte ich neulich des Nachts viele.

Illud certissimum apud me est, quicquid id morbi sit, e capitis vitio humoso in intestina manasse. Scripsi, ni fallor, antea ad te, quo cruciatu pestis illa pectus meum angat, ringat, stringat, et tamen non enecet: Et quos mox renes pervagetur, usqueadeo, ut Nephretitis fere aut calculus existimari possit. Ipso agressu omnia corporis membra enervat, optimum isthuc, quod spiritum non excludit

Eines ist bei mir ganz sicher der Fall, was auch immer es für eine Krankheit ist, dass sie aus einer feuchten Stelle des Kopfes in die Eingeweide geflossen ist. Ich habe Dir, wenn ich mich nicht täusche, geschrieben, mit welcher Marter jene Seuche mein Herz peinigt, piesackt, abschnürt und dennoch nicht umbringt: Und welche Nieren sie bald durchwandert, bis zu dem Punkt,

nec detinet. Nupera aegrotatione ipsum quoque stomachum ad vomitionem coegit. Nec unquam fuit tam durum et novercale, ut non edere ac bibere libuerit, simulac dolor residisset. Tu ex his collige, quid nam mali sit. Scabies nunc molestat, unde pruritus diurnus et nocturnus. Sed contra hanc nihil remedii utor, ne malum parvum pellens, maximum stultus mihi asciscam.
Vale.
Nymeciae. Anno M.D.XXXI.

dass man sie für eine Nierenkrankheit oder einen Nierenstein halten könnte. Durch diesen Befall schwächt sie alle Körperglieder, als Bestes kommt noch dazu, dass sie den Geist nicht verschont noch fernhält. Durch die jüngste Erkrankung zwang sie sogar den Magen zum Erbrechen. Und nichts war je so hart und feindlich, dass man keine Lust hatte zu essen und zu trinken, sobald der Schmerz nachließ. Daraus ersieh, was wirklich schlimm ist. Die Krätze plagt mich jetzt, woher das tägliche und nächtliche Jucken rührt. Aber dagegen benutze ich kein Mittel, damit ich mir nicht in meiner Dummheit das größte Übel hole, während ich das kleine Übel vertreibe.
Lebe wohl!
Niemegk im Jahre 1531.

Witzel (aus Vacha) an Fabricius (in Wittenberg), 1531 Herbst[53].

M. B. F. S. P.

ADHUC IN TETERRIMO TEMPORE valemus, idque Facchae.
Vos spero valetis. Christianae atque orthodoxae atque catholicae fidei caussa premor. Insidiantur atque machinantur plurima mihi, qui me non noverunt: hoc unico freti, quod non sum Lutheranus. Cum Papisticis malo vivere quam cum cacangelicis.

Fiat DEI decretum. Paratus expecto, quicquid in veteris Ecclesiae assertorem novi Evangelistae moliuntur.
Vale.
Facchae. Anno M.D.XXXI.

An Magister Balthasar Fabricius den herzlichsten Gruß!
Immer noch leben wir, d. h. in Vacha, in einer sehr schrecklichen Zeit.
Ich hoffe, Euch geht es gut. Wegen der christlichen, orthodoxen und katholischen Glaubenssache werde ich verfolgt. Sie stellen mir nach und planen äußerst Böses gegen mich, die mich gar nicht kennen: sie berufen sich allein darauf, dass ich kein Lutheraner bin. Mit den Papisten will ich lieber leben als mit den Scheißevangelischen.
Es geschehe GOTTES Beschluss. Gespannt warte ich darauf, was die neuen Evangelisten gegen den Verteidiger der alten Kirche aushecken.
Lebe wohl!
Vacha im Jahre 1531.

Witzel (aus Vacha) an Fabricius (in Wittenberg), 1531 Dezember 24[54].

M. B. F. S. D.

CONIICIO, QUAM SCIRE SEMper aveas, qui mihi cum nostris conveniat. Significabo paucis. Repperi eos, quales reliqueram. Habes universum. Mutata est religio, morum vetustas tenaciter adhuc durat. Quae res quam animo meo probetur, haud tibi obscurum est. Iactata est prodigialiter Evangelica doctrina septem amplius annos, sed nihil Evangelicum adhuc video. Culpam transcribo Evangelistis istis, qui carnale Evangelium invexerunt, cui carnalem addidere vitam. Atque ita effecerunt, ut numquam licentius peccatum sit nec deteriora fuisse tempora constet. Faxit DEUS, ne perpetuo exoculati simus. Populosiorem patriam nemo vel octogenariorum vidit.

Ego vix quartam gentis nostrae partem de facie nosco, adeo intra octennium crevit. Fovet cives egregios, iuventutem praeclaram. Civitati accessit nitor quidam aedificiorum et non contemnenda munitio. Eaque est civitatula, quae non usque quaque trepidet ad belli rumorem. Habet hic, crede mihi, filios haudquaquam degeneres Mars, habet suos et Pan.

An Magister Balthasar Fabricius mit herzlichstem Gruß!
Ich vermute, du möchtest wie immer gern wissen, wie ich mit unseren Leuten auskomme[55]. Ich werde es mit wenigen Worten darlegen. Ich habe sie so vorgefunden, wie ich sie verlassen hatte. Du hast die Gesamtheit der Studenten vor dir. Die Religion hat sich verändert, die alten Sitten halten sich bis jetzt noch hartnäckig. Welche Sache wie sehr von mir gebilligt wird, ist dir doch nicht verborgen. Mächtig ins Zeug gelegt hat sich die Evangelische Lehre mehr als sieben Jahre, aber nichts Evangelisches sehe ich bis jetzt. Die Schuld dafür schreibe ich diesen Evangelisten zu, die das Evangelium sündig ausgelegt haben, um ihm nun ein sündiges Leben hinzuzufügen. Und so haben sie erreicht, dass niemals freizügiger gesündigt wurde und dass niemals die Zeiten schlechter waren, wie es feststeht. GOTT wird das gemacht haben, damit wir ihn nicht ganz aus den Augen verlieren.

Eine bevölkerungsreichere Heimatstadt, sogar an Achtzigjährigen, sah noch niemand. Auch ich lerne kaum ein Viertel unserer Bevölkerung vom Gesicht her kennen, so sehr ist sie in den vergangenen acht Jahren gewachsen. Sie bringt hervorragende Bürger, einen sehr berühmten Nachwuchs hervor. Die Stadt hat einen gewissen Glanz von Gebäuden bekommen und eine nicht zu verachtende Befestigung. Und es ist ein Städtchen, das nicht unbedingt vor dem Gerücht des Krieges zittert. Sie hat hier, glaube mir, Söhne, die wirklich von Mars abstammen, und auch solche, die von Pan sind.

Bacchus vero omnes, idque ob nominis, opinor, affinitatem. Cultus non immodicus est, quantum cernere contigit, et vestrae luxuriosae dissimilimus, sive hoc opes recusent, sive exempli peregrini contagio prohibeat. Munditia tamen in cultu est, sed aliquanto exquisitior quam ante decennium. Mores sunt perditi, et quos cum ceteris Evangelicis communes habeant. Puerilis aetas suo ingenio, hoc est, suae nequitiae imprudenter relinquitur. Callet probe turpitudinem et belle aemulatur senii facta. Παιδεία nulla, metus nullus, pudor vix tenuis. Sepelitur vino oppidum non semel in hebdomade, quam vesaniam nonnulli temeti copiae (quae est malorum materia) tribuunt. Miror saepe, undenam tantum pecuniae illis, quantum in vina profundunt, homines, ut scis, minime pecuniosi. Demiror tam cito oblitos frumentariae penuriae ter ac quater miseros, qua anno superiore vexati erant. Excedit enim memoriam patris mei par annonae caritas apud nostrates. Illud pulchrum, quod nunc vilior victus est. Parvo emuntur omnia propemodum, quibus indiget nostra mortalitas.

Von Bacchus aber stammen alle ab, und das wegen der Verwandtschaft des Namens, wie ich vermute. Die Lebensweise der Einwohner ist nicht unmäßig, wie sehr du sie auch betrachten magst, und eurem verschwenderischem Leben ganz unähnlich, sei es, ihre Stärke verhindert das, sei es, die Berührung mit dem auswärtigen Beispiel hält sie davon ab. Ein gepflegter Stil herrscht dennoch in ihrer Lebensweise, aber um einiges feiner als noch vor zehn Jahren. Die Sitten sind verdorben, und die haben sie mit den anderen Evangelisten gemeinsam. Die Kinder werden ihrer Veranlagung, das heißt ihrer Verantwortungslosigkeit unklug selbst überlassen. Sie kennen sich schon gut in schändlichem Verhalten aus und eifern dem reifen Alter in seinem Tun schön nach. Es gibt keine Kindheit, keine Furcht, kaum noch ein feinfühlige Scham. Es versinkt im Wein die Stadt nicht nur einmal in der Woche, ein Wahnsinn, den Unmengen des Rauschmittels (der Stoff allen Übels) verursachen. Ich wundere mich oft, woher denn jene soviel Geld haben, das sie nur für Wein verschleudern, eben die Menschen, wie du weißt, die eigentlich am wenigsten betucht sind. Ich staune geradezu darüber, dass die Armen so schnell ihren Versorgungsengpass, der sie drei-, viermal im vorigen Jahr betroffen hatte, vergessen haben. Mein Vater konnte sich nämlich an keine derartige Verteuerung der Nahrungsmittel in einem Jahr bei den Einheimischen erinnern. Das ist das Schöne, dass jetzt der Lebensunterhalt erschwinglich ist. Zu niedrigen Preisen kauft man fast alles, was unsere Sterblichkeit begehrt.

Porro ita mihi cum concivibus convenit. Bona horum pars me non vidit. Rariuscule enim in conspectu vulgi prodeo, non gra-

Darin stehe ich sogar in Einklang mit meinen Mitbürgern. Ein guter Teil von ihnen hat mich aber noch nicht gesehen. Ganz

vatim proditurus, si quid cuiquam commodare queam. Magna pars me conspectum vix novit, utpote lardo et zito Saxonico corpulentiorem, id quod satis mirari de illis non possum. Tam frequentes, ut antea, meum adventum honorario vino gratulati non sunt, seu quia saepicule hoc antehac factitarunt, seu quia norunt me luculenta pocula illa odisse. Utcumque est, ego gaudeo. Iam me in paternis aedibus Musis sacris reddito et silente, incipit populus subdubitare, num vetus Vuicelius, nec ne redierim. Suspitionem auget, quod pro more non concinor. Tandem exiit vox: haud scio, unde primum nata: me Lutheri antidicon esse. Praeterea qui mihi erant iniquiores, spargebant famam me Anabaptistarum et Zwingli partes adiuvare. Quo factum, ut me privatim adierint sinceri amiculi, qui me monendum ducerent. Verum isti auditis omnibus acceperunt satisfactionem.

Interea sicubi vocabar ad coenam fautorum (hoc non amplius quater trimestri spatio toto factum) coepi nonnihil occasione data de rerum praesentium statu conqueri.

Nec aderat, cui non cuncta verissima videbantur, quae pro loco licet, et non severe referebam. Usu quoque venit, ut nunc me invisant nonnumquam pientiores aliqui in-

selten nämlich trete ich in das Licht der Öffentlichkeit, wobei mir das nicht schwer fiele, könnte ich jemanden damit einen Gefallen tun. Ein großer Teil kennt mich kaum vom Sehen, weil ich ja korpulenter als der Speck und der schnelle Sachse bin, worüber ich mich nicht genug bei ihnen wundern kann. So häufig wie früher haben sie meine Ankunft nicht mit Spendierwein begrüßt, sei es, weil sie das schon sehr oft vorher getan haben, sei es, weil sie wissen, dass ich jenes ausufernde Bechern hasse. Wie dem auch sei, ich jedenfalls freue mich. Schon bei meiner Rückkehr in das väterliche Haus und zu den heiligen Musen in aller Stille, beginnt das Volk seine Zweifel zu haben, ob ich überhaupt der alte Witzel bin, und daran, dass ich zurückgekehrt bin. Es wird seinen Argwohn noch verstärken, weil ich nicht nach ihrer Sitte predige. Endlich wurde die Stimme laut und ich weiß nicht, woher sie ursprünglich stammt: ich sei ein Widersacher Luthers. Außerdem streuen die Leute, die mir gegenüber noch ungerechter waren, das Gerücht aus, dass ich die Wiedertäufer-Partei und die Partei Zwinglis[56] unterstütze. Deshalb besuchten mich zu Hause aufrichtige treue Freunde, die glaubten, mich ermahnen zu müssen. Aber nachdem diese alles angehört hatten, haben sie meine Rechtfertigung erhalten. Als ich inzwischen zum Essen bei meinen Anhängern eingeladen wurde (das ist nicht mehr als viermal im ganzen Trimester geschehen), habe ich begonnen, bei gegebener Gelegenheit, mich etwas über den Stand der aktuellen Dinge zu beklagen. Und es war niemand da, dem meine Beurteilung der ganzen Lage nicht völlig richtig erschien, die ich nur insoweit, wie es der Ort gestattete, und nicht ernsthaft

terrogantes τὰ τῖς πῖσεως. Et sunt complures boni viri, non extremi profecto loci, qui me nuper rogarunt, ut sibi aliquando liceat multa mecum de causa colloqui. Talium aliquot sunt in vicinis oppidis. Vos superi, quot hoc in oppido vivunt cives, qui me quotidie lubentes adirent sciscitaturi auditurique, nisi periculo vetarentur. Nec quidam magis dolent, quam quod a Cathedra publica prohibeor, quam nondum tamen ambivi. Attamen ea, si quoquam alio tempore, nunc mihi maxume opus erat, e qua nimirum toti populo, quicquid est negotii, libere detegerem, meque omni suspicatione citra fucum liberarem. Sacerdotum praeconum superbia me vitat, adeoque non secus odit ac atri limina Ditis. Sed ego eos non minus curo quam palustres ranas cum suo Brekekekex coax coax. Et prodigium, tacens id hominum genus offendo, quid quaeso futurum, si ruptis linguae claustris declamitare in eos coepero? Fervent in me odia aliquorum, sed non inveniunt, quo ea velent, adeo DEO laus, nihil irreligiosum, nihil criminosum mea habet fama.

vortrug. Auch ergibt sich daraus notwendig, dass sie mich jetzt aufsuchen und dass manchmal einige Frömmere nach den Glaubensangelegenheiten fragen. Und es gibt mehrere gute Männer, mit keinem extremen Standpunkt in der Tat, die mich neulich gebeten haben, mit mir einmal ein ausführliches Gespräch darüber führen zu können. Von solchen Männern gibt es einige in den Nachbarstädten. Ihr Lebenden, wie viele Bürger leben hier in dieser Stadt, die mich gern täglich besuchen, anfragen und anhören würden, wenn sie nicht die drohende Gefahr davon abhielte? Und einige Menschen empfinden auch keinen größeren Schmerz, als dass ich an der öffentlichen Predigt gehindert werde, die ich dennoch noch nicht anstrebte. Aber ich brauche sie doch, wenn auch in einer anderen Zeit, ganz besonders jetzt, damit ich natürlich dem ganzen Volk frei darlegen kann, worum es überhaupt geht und ich mich von jeglichem Verdacht ohne Verstellung befreien kann. Der Hochmut derer, die Lobhudler der Priester sind, meidet mich, und er hasst mich ganz so wie der Teufel an der Schwelle zur Unterwelt. Aber ich schere mich um sie nicht mehr als um die Frösche im Sumpf mit ihrem Quaken. Und, oh Wunder, schweigend beleidige ich dies Menschengeschlecht, was wird dann bitte erst in Zukunft sein, wenn ich ohne Zungensperre gegen sie zu Felde zu ziehen beginne? Gegen mich kochen Hassgefühle irgendwelcher Leute hoch, aber sie finden nichts, womit sie diese begründen könnten, so sehr gilt GOTT mein Lob, und nichts Areligiöses, nichts Verbrecherisches hat mein Ruf.

Quidam affinium, quos mihi Ioannes, beatae memoriae, frater meus ducta uxore fecit, id de me sentiunt, quod de Domino

Bestimmte Verwandte, die mir durch die Heirat meines Bruders Johannes, seligen Andenkens[57], zugewachsen sind, denken

consobrini in historia Evangelii: honesti alioqui homines.

Plurimis in animis lateo niger, qui tamen vultu istuc dissimulant, verum ebrii effutiunt, quae sobrii in pectore premebant. Sunt, qui loquentem ceu Corycaei observent, iis, nisi considerate loquar, protinus sum nescio quis. Sed Dominus omnis terrae gubernat corosque meum, ut ab Orthodoxia nihil delirem. Illud constat, adeo omnia nunc esse exacerbata, ut tutum minime sit inter Evangelicos Evangelium confiteri, nisi velis Lutherizare, hoc est, ita Evangelizare, ut filios sectae liberae non offendas. Nam ii vitam aeternam sibi pollicentur, si credant modo, utcumque viuant. Audisti breuiter, quae augurabar te scire velle. Verum non est, ut inde quicquam moveare. Sto certus DEI virtute, et eiusmodi me laturum sciebam. Gaudeo, quod vel pauci sunt, qui rectum aequumque iudicabunt.

Pungit potestatem tenebrarum, quod sectas insectamur, et praesertim Lutherismum, qui si diu stabit, ducet coniuratos in Paganismum, et sensim in Pythagorae placitum, qui de DEO dubitabat, mox in Diagorae sententiam, qui esse DEUM negabat. Epicurismum iam pene videmus, cum sint, qui licet DEUM esse credant, attamen nihil curantem autumant. Quod ad vitam attinet, iam diu in confesso est, quid sit maior sectae pars, nempe Sardanapalitae, por-

das über mich, was die Vettern über den Herrn in der Geschichte des Evangeliums denken: sonst sind es ehrbare Leute. In den meisten Köpfen bin ich ein verborgener Unhold, und wenn sie es auch dazu noch verschleiern, so geben sie doch im betrunkenen Zustand frei von sich, was sie nüchtern im Herzen bedrückte. Es gibt Menschen, die einen Redenden wie Anhänger des Korax[58] beobachten, und wenn ich nicht wohlüberlegt rede, dann bin ich für sie gleich ein irgend jemand. Aber der Herr der ganzen Erde leitet mein Herz und meinen Mund, so dass ich von der Orthodoxie nicht abweiche. Das steht fest so sehr haben sich jetzt alle Fronten verhärtet, dass es ganz unsicher ist, sich unter Evangelisten zum Evangelium zu bekennen, außer du möchtest im Sinne Luthers predigen, das heißt so zu evangelisieren, dass du die Söhne einer freien Sekte nicht beleidigst. Denn davon versprechen sie sich das ewige Leben, wenn sie nur glauben, unabhängig davon, wie sie leben. Du hast kurz das gehört, von dem ich ahne, dass du es wissen wolltest. Es ist aber nicht wahr, dass du davon irgendwie berührt wirst. Ich stehe sicher auf GOTTES tugendsamen Pfad und wusste, dass ich solches ertragen werde. Ich freue mich, dass es sogar wenige gibt, die richtig und gerecht ihr Urteil fällen werden. Es beunruhigt die Macht der Finsternis, dass wir Sekten verfolgen und besonders den Lutherismus, der, sollte er länger Bestand haben, die Verschwörer ins Heidentum führen wird und allmählich zur Meinung des Pythagoras, der an GOTT zweifelte, bald dann aber zur Äußerung des Diogenes, der die Existenz GOTTES verneinte. Den Epikurismus sehen wir fast auch schon, wenn es solche Menschen gibt, die zwar an GOTTES Existenz glauben,

tantes authoris epitaphium in animo: Ede, bibe, coi, cetera sunt nihili, et habentes Evangelium in ore. Si ista vita, istis operibus, ista latria coelum apprehendemus, stultissimi fuere patres martyres, quos olim via arcta secundum archetypon ducis sui ingressos novimus. Si haec est doctrina Evangelii pura, certum est doctrinam apostolorum puram non fuisse.

aber dennoch behaupten, dass er sich um nichts kümmere. Was das Leben anlangt, so besteht schon längst kein Zweifel mehr darüber, welche Sekte den größeren Anteil hat, die Assyrische natürlich, die die Grabinschrift ihres Stifters mit sich herumträgt: Iss, trink', vereinige dich, alles andere ist ohne Wert, und sie hat dabei noch das Evangelium im Mund. Wenn mir mit diesem Leben da, mit diesen Werken, mit dieser Verehrung den Himmel ergreifen, dann sind die Märtyrerväter sehr dumm gewesen, von denen wir wissen, dass sie einst auf steilem Wege nach dem Vorbild ihres Führers geschritten sind. Wenn das hier die reine Lehre des Evangeliums ist, dann ist ganz sicher, dass die Lehre der Apostel nicht rein gewesen ist.

Si haec est ecclesia CHRISTI, necesse est primaevam CHRISTI non fuisse. Sed haec alias. Inaudivi, quid hostilium verborum in me expuerit Apostolus vester. Ad cuiusmodi respondeo: Sit nomen domini benedictum millies et iterum millies benedictum. Mens mihi praesagiebat, dum Nymeciae adhuc degerem, fore ut ipso machinante in antrum denuo raperer. Propterea praeter alias causas maturavi abitum et nondum abiisse poenituit.

Wenn das hier die Kirche CHRISTI ist, dann gab es notwendigerweise keine ursprüngliche Kirche CHRISTI. Aber das gehört an andere Stelle. Ich habe vernommen, was für feindselige Worte euer Apostel gegen mich ausgespuckt hat. Auf Worte solcher Art antworte ich: Es sei der Name des Herrn gepriesen tausendmal und nochmals tausendmal gepriesen. Mein Gefühl sagte mir schon im voraus, während ich noch in Niemegk lebte, dass er selbst gegen mich etwas im Schilde führen und ich wieder in die Höhle geschleppt würde. Deshalb habe ich neben anderen Gründen meinen Weggang beschleunigt und es noch nicht bereut weggegangen zu sein.

Porro hic sum in manu DEI Optimus Maximus. Si quid in me habet, agat scripto, non vi, non tyrannide, ut liceat agnoscere Apostolicum. Si falsitatis aut novi dissidii convictus fuero, nihil supplicii deprecabor. Nosti, quod sumpta fiducia ante ipsum adierim, quam illinc discederem auditurus eius erga me voluntatem. At nihil audivi

Doch bin ich hier weiter in der Hand des besten und grössten GOTTES. Wenn er etwas gegen mich in der Hand hat, so soll er es schriftlich, nicht gewalttätig, nicht tyrannisch äußern, so dass man den Apostelauftrag erkennen kann. Sollte ich der Unwahrheit oder eines neuen Widerspruchs überführt werden, so werde ich

asperum, nihil hostile. De Ioanne Campano multa mihi referebat, quem ut familiariter noui ita illius institutum plane mihi incognitum. Scripta illius numquam vidi, DEO teste, et malum quippiam ab eo numquam audivi eodem teste. Verum a Campani negotio abunde me in apologeticis purgavi. Dixerat me dolo e Saxonia demigrasse fictis ad hoc litteris evocatricibus sub patris titulo etc. Pervellem, homo sic gravitatis Theologicae memor fuisset, in quam tam impudens mendacium non cadit.

Sed non opus tam manifesta diluere. Si quid in me tentabit, non ero elinguis. Tuebor meam innocentiam cum Hieremia ac Paulo legittime, modo per hostium uiolentiam liceat.

Novi hic nihil est, quod te scire cupere arbitrer. Principi Hessiae nostrae alta pax est nec audio, qui eum infestet. Nuper a subditis pecuniam subsidiariam rogavit, non postulavit exactionem: Ipsemet rogarat et uerbis blandis atque familiaribus. Faccha nostra septuaginta dumtaxat aureos pendit idque ex aerario curiae civibus non gravatis. De mutua Helvetiorum strage forte audisti. Evangelicis suis CHRISTUS non affuit, quan-

jede Strafe auf mich nehmen. Du weißt, mit welchem Vertrauensvorschuss ich ihn selber besuchen wollte, bevor ich von dort wegging, wobei ich seine Haltung gegenüber mir hören wollte. Doch nichts Hartes, nichts Feindseliges habe ich gehört. Über Johannes Campanus berichtete er mir viel, den ich zwar freundschaftlich kennenlernte, dessen Ansichten mir aber völlig unbekannt waren. Seine Schriften habe ich niemals gesehen, GOTT ist mein Zeuge, und nie habe ich etwas Schlechtes von ihm gehört, der gleiche ist mein Zeuge. Aber vom Anliegen des Campanus habe ich mich ausreichend in meinen Verteidigungsschriften distanziert. Er hatte gesagt, ich sei mit List aus Sachsen ausgereist, indem ich dazu Briefe erfunden hätte, die im Namen des Landesvaters meine Ausweisung veranlasst hätten usw. Von ganzem Herzen wünschte ich, wäre sich doch der Mensch so seiner theologischen Würde bewusst gewesen, die keinen Nährboden für solch eine unverschämte Lüge bietet. Aber nicht das Werk haben solch offensichtliche Lügen zunichte machen können. Wenn er etwas gegen mich unternimmt, dann werde ich nicht aufs Maul gefallen sein. Ich werde meine Unschuld mit Jeremias und Paulus ganz biblisch bewahren, wenn es nur angesichts der feindlichen Gewalt möglich ist.

Ich weiß, hier gibt es nichts, wovon ich annehme, dass du es zu wissen wünschst. Dem Fürst unseres Hessen[59] ist der Frieden hoch und heilig, und ich höre von niemanden, der den Fürsten bedroht. Neulich erbat er von seinen Untertanen Hilfsgelder und er forderte dazu keine Steuereintreibung: Er höchstpersönlich hatte mit schmeichlerischen und freundschaftlichen Worten darum gebeten. Unser Vacha zahlt

tumvis crederent. Tempestivum esset, tempestivum esset, inquam, ut rem tandem cati consideraremus. Subindicat eventus iste, quid futurum sit, si quando Carolus Caesar una cum totius Imperii Romani suppetiis expeditionem in nos fecerit. Da pacem domine et tolle longae pacis mala. Magistratus captos aliquot anabaptistas carceribus publicis custodit et ipsum Rinchium quoque. Princeps nondum in eos animadvertit, sed hoc quotidie expectatur. Istorum hominum secta omnibus facile invidiam movet, qui vel mentionem eorum faciunt.

Qui aliquid de DEO, de vita Christiana, in improbos saeculi huius mores dicit, ne istum insignem retinctorem esse oportet. Et sunt, qui eam notam fugiendam crebris potationibus censeant. Nam eo perduxit orbem libertas vestratis Evangelii, ut, si quis detrectet cum ebriosis suibus volutari, hoc est Sodomi ζειν, at vero vitae corrigendae studeat, is sit retinctor oportet. Qui pauperes illos modico villo refocillandos cupit in vinculis, iuxta Lamuelis legem adeoque, qui in colloquiis illos Vulcano aut Neptuno inclementer non adiudicat, is retinctor sit oportet. Rinchium veterem sodalem per litteras monui, ut anabaptismo renuntiaret et doceret, quae propius ad salutem animarum faciunt, sed in opposito perstat. Vir is est incredibili fortitudine, vita austera et excellenti eruditione, si modo fauente DEO ab illa retingendi

wenigstens siebzig Goldstücke aus der Gemeindekasse, ohne die Bürger damit zu belasten. Von der zweifachen blutigen Niederlage der Schweizer hast du zufällig gehört[60]. Seinen Evangelischen hat CHRISTUS nicht geholfen, wie sehr sie auch an ihn glaubten. Es wäre jetzt endlich an der Zeit, sage ich, dass wir die Sache einmal richtig durchdenken. Das Ereignis weist doch darauf hin, was geschehen wird, sollte Kaiser Karl zusammen mit der Unterstützung des gesamten Römischen Reiches gegen uns ein Feldzug führen[61]. Gib Frieden, Herr, und nimm von uns die Übel der langen Friedenszeit. Die Obrigkeit hält einige Wiedertäufer in öffentlichen Gefängnissen fest und Rinck selber auch[62]. Der Fürst ist noch nicht strafrechtlich gegen sie vorgegangen, aber das wird täglich erwartet. Die Sekte dieser Menschen da erregt leicht bei allen Hass, die sie auch nur erwähnen.

Wer etwas über GOTT, das christliche Leben, gegen die schändlichen Sitten unseres Jahrhunderts sagt, der muss wahrlich einen überaus festen Rückhalt haben. Und es gibt Leute, die glauben, sie können sich dieses Merkmals (durch häufige Trinkgelage) entziehen. Denn dahin hat die Freiheit eures Evangeliums die Welt geführt, dass, wenn jemand es ablehnt, sich mit den besoffenen Schweinen zu suhlen, das heißt sodomistisch zu leben, im Gegenteil aber danach strebt, sein Leben zu ändern, dass der dann einen festen Rückhalt haben muss. Wer jene Armen mit etwas Wein im Gefängnis erfrischen will, nach dem Gesetz des Lamuel, und besonders, wer in Gesprächen jene nicht ungnädig dem Vulkan oder Neptun zuweist, der muss einen festen Rückhalt haben. Meinen alten Weggefährten Rinck habe ich brieflich ermahnt, er solle dem Wie-

dementia avocari posset. Quod vult DEUS, fiat, λοιμὸς passim grassatur, non secus ac superiore anno λῖμός. Non est iam tutum ambulare inter Fuldam et Erphordiam.

Quotquot enim oppida ac vici medii, hos corripuit lues excepta nostra civitatula. Attamen huic graviter imminet et iam tertio in aedes quorundam invasit uno atque altero elato, sed incusso impoenitentibus terrore tertio aufugit. Expectatur autem rediturum malum, ubi ultori DEO visum fuerit. Tui memoria omnibus in patria grata dulcisque est. Fratria tua paupercula est, opem tuam inclamat. Nullubi rectius collocaveris eleemosynam.
Vale.
Facchae. Vigesimo quarto Decembris. Anno M.D.XXXI.

dertäufertum abschwören und lehren, was geeigneter zum Seelenheil beiträgt, aber er beharrte auf seinem gegenteiligen Standpunkt. Dieser Mann ist von unglaublicher Tapferkeit, streng in seinem Lebenswandel und hervorragend gebildet, wenn er nur mit GOTTES Gunst von jenem unsinnigen Wiedertäufertum abgebracht werden könnte. Was GOTT will, geschehe, die Pest wütet überall, genauso wie als im vorigen Jahr die Hungersnot. Es ist nicht mehr sicher zwischen Fulda und Erfurt zu reisen[63].

Wie viele Städte nämlich und Dörfer es dazwischen gibt, so viele hat die Seuche heimgesucht, außer unser Städtchen. Doch sie bedroht dieses ganz ernsthaft und hat schon zum dritten Mal das Haus bestimmter Leute befallen, der eine wie der andere wurden hinausgetragen, aber als sie zum dritten Mal Schrecken den nicht reumütigen Sündern eingejagt hatte, wich sie aus dem Haus. Es wird aber erwartet, dass das Übel zurückkehren wird, wenn es dem strafenden GOTT richtig erscheint. Die Erinnerung an dich ist bei allen in deinem Vaterhaus angenehm und lieb. Deine Schwägerin aber ist arm dran und bedarf deiner Unterstützung. Nirgendwo wirst du richtiger deine Almosen einsetzen[64].
Lebe wohl.
Vacha. 24. Dezember. Im Jahre 1531.

Witzel (aus Vacha) an Fabricius (in Wittenberg), 1532 April 9[65].

M. B. F. S. P.

LACONEM TE SEMPER EGO LEGAM, numquam ne Asianum? Brevitas ista tua perparca posthac vix mihi probabitur, homini videlicet procul in Cattias alpes disiecto, aut si mavis, Fuldanum faginetum. Nyme-

An Magister Balthasar Fabricius meinen herzlichsten Gruß.

Dich als Lakoniker soll ich immer lesen, niemals aber als Asianer[66]? Deine von Dir an den Tag gelegte sehr sparsame Kürze werde ich ab jetzt kaum noch billigen, der ich als Mensch doch weit entfernt in den

cius boni consulebam breuitatem, quam frequentia sarciebas, at nunc longior sis oportet, si satisfacere amico velis. Expectabo igitur praegrandes epistolas, quae res omnes circa Albim plene edoceant. Mones, ut caute agam, quando libertas tuta non est. Equidem, quo pacto cautius agam, haud scio. Nemo me latentior, nemo quietior. Vito cathedras. Alienus a scholis iam pridem sum. Nec in ullius aedes penetravi docendi gratia. Adeoque usu venit, ut a me doceri vix paucissimi exoptent, in tantum increvit sectae imperium, cui δυσόρατος ego mirum in modum sum.

Colloquia perrara cum uno atque altero amiculo mihi sunt, in quibus dissensionem aperiam. Fit illud quoque, ubi contigerit ad pocula assidere. Atque utinam cum Crate seniculo in altissimam urbis partem ascendere et clamare mihi liceat, in contemptum religionis, quemadmodum ille in paedagogiae ἀμέλειαν. Spes restituendae rei nescio quae me intra silentii cancellos cohibet. Quod unum licet, lucubro, ne prorsus infrugifer, et minae defossae reus in novissimo damner. N. calcar vehemens addit, ut Ecclesiae patrociner, et idem consulere rebus meis fatigat. Quomodo inspectores Hessiae erga me afficiantur, non mihi constat, nisi quod perpetuum silentium suspicionis nonnihil gignit. Raidium una epistola repressi. Isenacenses mussant. Unus Draconites scripto respondit. Sunt quidam non mali

chattischen Alpen[67] mein Leben friste, oder so Du es lieber willst, bei dem fuldensischen Buchenwald[68]. Als Einwohner von Niemegk hieß ich die Kürze für gut, die Du durch Häufigkeit ausgeglichen hast, doch jetzt musst Du Dich länger äußern, wenn Du Deinen Freund zufriedenstellen willst. Ich werde also sehr ausführliche Briefe erwarten, die alle Angelegenheiten rings um die Elbe ausführlich erläutern. Du ermahnst mich, vorsichtig zu handeln, da ja Deine Freiheit nicht sicher ist. Ich hingegen weiß nicht, wie ich noch vorsichtiger handeln sollte. Niemand ist diskreter als ich, niemand leiser. Ich meide die Lehrstühle. Die Schulen sind mir schon längst fremd geworden. Auch habe ich keines Haus mehr betreten, um zu lehren. Und so kommt es notwendigerweise dazu, dass nur sehr wenige von mir belehrt zu werden wünschen, in solcher Weise ist das Reich der Sekte angewachsen, für das ich auf wunderbare Art unsichtbar bin.

Sehr seltene Gespräche führe ich mit dem einen und anderen lieben Freund, in denen ich meine unterschiedliche Meinung darlege. Auch kommt es vor, dass wir uns zum Bechern gelegentlich niederlassen. Und wäre ich doch in der Lage, mit dem alten Krates[69] in den höchsten Teil der Stadt hinaufzusteigen und auszurufen, die Religion nicht achtend, wie jener die Pädagogik vernachlässigt. Irgendeine Hoffnung auf Wiederherstellung der Sache hält mich innerhalb der Schranken des Schweigens. Soweit es nur erlaubt ist, arbeite ich des Nachts und keinesfalls unfruchtbar, und als Angeklagter sollte ich erst kürzlich für eine vergrabene Mine[70] verurteilt werden. Einer tritt mir heftig auf die Ferse, damit ich die Kirche beschütze, und derselbe ist es leid für meine

sacerdotes Romanae oboedientiae, qui meam ambire amicitiam videntur. Sed ego hactenus, quoad licet, commercium horum vito, non quod ullum spernam, sed ne errori publico patrocinium ferre videar.

Princeps Hessus me de nomine nosse dicitur, idque ex nuncupato ante triennium Haggeo propheta, tum ex actione Rinchiana, quae tamen erat fere nulla. Sed cur ipsius munificentia non fruar (id quod numquam expetivi) faciunt inspectorum et praefectorum delationes. Tantum scilicet scelus est, non esse Lutheristam. O nimium cerebro Hercinii doctoris confisi homines. Ratisbonensi conventui aiunt Sueinphordensem successurum. Agitur immensis sumptibus pro conciliatione dissidentium animorum, sed privata gloria disiectura erat compositam etiam pacem.

Illud Iunonis Vergilianae adhuc corda mortalium obsidet, quo illa sibi hunc laborem proprium, hanc operam dari ab Alecto petivit, ne inquiens, noster honos infractave cedat fama loco.

Angelegenheiten zu sorgen. Wie Inspektoren Hessens gegen mich eingesetzt werden sollen, das steht für mich nicht fest, außer dass ständiges Schweigen manchen Verdacht erregt. Raid[71] habe ich mit einem Brief beschwichtigt. Die Eisenacher sind unschlüssig. Als einziger hat Drakonites[72] mit einer Schrift geantwortet. Es gibt einige nicht schlechte Priester römischer Obödienz, die um meine Freundschaft buhlen. Aber bis dato, soweit möglich, meide ich den Umgang mit ihnen, nicht weil ich einen verachten sollte, sondern um nicht den Anschein zu erwecken, für einen öffentlichen Irrtum Unterstützung zu beanspruchen.

Der hessische Fürst[73] kennt mich, so heißt es, dem Namen nach, und zwar aus der Ankündigung des Propheten Haggeus[74] vor drei Jahren, dann noch aus der Handlung Rincks[75], die dennoch fast keine war. Aber warum ich seine Freigebigkeit nicht genieße (was ich aber niemals erbeten habe), bewirken die Anzeigen der Inspektoren und Präfekten. Ein Verbrechen ist es natürlich nur, kein Lutheraner zu sein. Oh zu sehr haben die Menschen dem Verstand des hercynischen Lehrers[76] vertraut! Sie sagen, dass auf den Regensburger ein Schweinfurter Reichstag[77] folgen wird. Es wird mit riesigem Aufwand an einer Versöhnung mit den widerspenstigen Seelen gearbeitet, aber wenn die Ehre abhanden kommt, dann war auch ein schon geschlossener Frieden ad acta gelegt worden. Jenes Wort der vergilianischen Juno[78] ergreift immer noch die Herzen der Menschen, mit dem sie die Furie Alecto gebeten hat, ihr diesen persönliche Auftrag, diese Hilfe zu gewähren, damit nicht, wie man sagt, unser Ansehen oder der ungebrochene Ruf von der Stelle weiche. Unter de-

Inter eos, qui gloriam unius DEI vere quaerunt, absque multa difficultate quibat pax coalescere. Carolus Caesar cohibet iram suam, fortassis non sine DEI consilio. Videt schismaticos multam commeritos, at parem paene Ecclesiasticos. Multatis illis placebunt sibi hi, quorum ita tamen res habet, ut gloriari immensum coram CHRISTO Ecclesiae capite non possint. Videntur mihi schismatici propemodum nutare, nec satis scire, quo inflectant. Elisus certe est fremitus quorundam et attrita audacia. Qui ante certissimi sibi videbantur, eos nunc disputare apud sese causam ipsam constat. Sunt tamen, qui pro stoliditate sua dicerent se omnia citius amissuros quam hac persuasione cessuros.

Lacrimis digna sunt, quae audire saepe cogor.

Dominus exurgat et periculosos animorum motus mitiget componens controversiam, concilians reluctantia, frangens sanguinarias confoederationes.

Amen.

Facchae nono Aprilis. Anno M.D.XXXII.

nen, die den Ruhm des einzigen GOTTES wirklich suchen, konnte ohne große Schwierigkeit der Frieden zusammenwachsen. Kaiser Karl[79] besänftigt seinen Zorn, vielleicht nicht ohne den Rat GOTTES. Er sieht äußerst schuldige Schismatiker, doch genauso strafwürdig die Ekklesiastiker. Nach Bestrafung jener werden ihm diese gefallen, deren Sache sich dennoch so verhält, dass sie sich großartig vor CHISTUS, dem Haupt der Kirche, nicht rühmen können. Mir scheinen die Schismatiker fast unschlüssig zu sein, ohne genau zu wissen, wohin sie streben: Zerschlagen hat sich sicher der Lärm einiger und abgerieben die Kühnheit. Die sich vorher sehr sicher wähnten, die erörtern jetzt bei sich die Sache selbst, wie feststeht. Dennoch gibt es Leute, die aus lauter Dummheit sagen, schneller alles aufgeben zu wollen als von ihrer Überzeugung zu weichen. Tränen ist das wert, was ich oft anzuhören gezwungen werde. Der Herr soll aufstehen und die gefährlichen Bewegungen der Seelen zähmen, den Streit schlichtend, die Widerworte versöhnend, die blutigen Bündnisse brechend.

Amen.

Vacha, 9. April. Im Jahre 1532.

Witzel (aus Vacha) an Fabricius (in Wittenberg), 1532 November 25[80].

M. B. F. S. P.

DIU EST, QUOD ABS ME NIHIL LITTErarum accepisti. Tuae ad me dura atque adeo dira continent, sed non fregerunt animum hunc, qui hactenus timendorum contemptor est. Facis tu, ut interest minime fucati amici submonens, ut prudens sim, nam esse hostes praepotentes, celebres et

An Magister Balthasar Fabricius meinen herzlichsten Gruß.

Lange ist es her, dass Du von mir keine Briefe mehr empfangen hast. Deine an mich enthalten harte Vorwürfe, ja sogar Verwünschungen, aber sie haben meine Gesinnung nicht gebrochen, die bis jetzt alles verachtet, was man fürchten muss. Du handelst, wie es keinesfalls im Interesse

quos defendat numeros iunctaeque umbone phalanges.

Vera tu quidem praedicas, sed potentiores eo non sunt, in quo firmata spes fiduciaque mea est, qui est osor sectarum, qui erit populator novi euangelii, qui sponsam ecclesiam non repudiavit et qui est refugium pauperum in pressuris, spes a turbine, umbraculum ab aestu. Sunt isti insolentes, scio, sed videant, ne Samium comatum pugilem suo perpetuo malo despiciant. Sunt feroces viperae, sed dentes suos quam limam ferream citius corrodent. Neque enim mecum, sed cum universitate totius ecclesiae et scriptorum omnium belligerantur, nec in me Gorgonea scripta sua, sed in doctrinam Christianam iaculantur.

Iodoci coci bilis mascula calido sub pectore intumuit, et quam vix extinxerit urna cicutae, quid facere, quid cogitare debeo? Sileam an respondeam? Fervescit sanguis. Reprimo ultionis cupiditatem, ne similis coci esse existimer, at in causa non mea superior, quam valde laederem, si in furentem furerem. Quid censes sapientissime vir? Si respondeam, irrito crabrones? Sin sileam, detrimentum patitur fama, unguento optimo melior? Sed malo in priorem scopulum incurrere. Respondere igitur proposuisti, inquis? Immo respondi duodecim dierum labore et ita respondi, ut, nisi exuissent cum religione pudorem, ad extremum forent sibi

eines falschen Freundes liegt, wenn Du mich heimlich dazu aufforderst, klug zu sein, denn die Feinde seien übermächtig, berühmt, und welche Zahlen von Feinden soll einer denn abwehren, und geschlossen sind mit dem Schild die Schlachtreihen. Wahres predigst Du zwar, aber mächtiger als er, auf den meine Hoffnung und mein Vertrauen baut, sind sie nicht, er, der ein Verächter der Spaltungen ist, der der Verbreiter des neuen Evangeliums sein wird, der die kirchliche Braut nicht zurückgewiesen hat und der die Zuflucht der Armen in Notzeiten ist, eine Hoffnung im Sturm, ein wenig Schatten in der Sonnenglut. Diese genannten Leute sind frech, ich weiß, aber sie sollen sich davor in Acht nehmen, den behaarten samischen Faustkämpfer[81] mit ihrer ständigen Boshaftigkeit zu verachten. Sie sind wilde Schlangen, aber sie werden ihre Zähne schneller als eine Eisenfeile abwetzen. Denn sie setzen sich nicht mit mir, sondern mit der Gesamtheit der ganzen Kirche und aller Schriften kriegerisch auseinander, aber sie schleudern ihre gorgonischen Schriften nicht auf mich, sondern auf die christliche Lehre.

Im Nu ist die männliche Galle unter dem heißen Herzen angeschwollen, und kaum hat der Schierlingsbecher diese Lehre umgebracht, was soll ich dann noch tun, was soll ich denken? Soll ich schweigen oder antworten? Es beginnt das Blut zu kochen. Ich unterdrücke meine Lust nach Rache, um nicht wie ein Koch eingeschätzt zu werden, doch in einer Sache, die mich nichts angeht, stehe ich zu viel drüber, als dass ich sehr verletzen würde, wenn ich gegen den Wütenden wütete. Was meinst Du sehr weiser Mann? Sollte ich darauf antworten, bringe ich die Hornissen gegen mich auf. Sollte ich jedoch schweigen, dann erleidet

ipsis displicituri. Nudavi, qua fide tractent scripturas, detersi a me aspersum lutum, depuli a cervice mea violentas impressiones et apostolicam iustificationis doctrinam adserui contra plumbea, immo plumea ac plane ἰωνϊκὰ argumenta.

Mi amice carissime, nihil mihi metuas, scio enim et persuasissimus sum haereticam esse curiam tuam, errare, seducere, animas ad stygias undas mittere, deo odibilem esse et merito invisam Romano Imperio. Ne te fallant celebria nomina, Thrasonismi, encomia illa, dulces contiones, picturati libri, accursus studiosorum, applausus imperiti vulgi, et principum virorum favores, census, honores. Sunt omnia vana, ne dicam ipsa vanitas vanitatum. Non enim stabunt aut stare poterunt, (ni ferro cingantur) ubi res ad severissimum examen doctrinae novae venerit. Fuere olim sectae hac longe potiores, nec tamen iudicatae constiterunt. Si purgare maluissent vestri Apostoli quam turbare Ecclesiam, hodie adhuc cum eis essem. Promiserunt correctionem et ecce destructio. Credidimus evangelii pallio, sed eo detracto apparent somnia monastica veteribus abditis. Tempus omnia revelabit.

mein Ruf Schaden, ein Ruf, der besser ist als die beste Salbe? Aber ich will mich lieber auf das erste Ziel konzentrieren. Zu antworten hast Du also vorgeschlagen, sagst Du. Doch habe ich ja mit Mühe in zwölf Tagen geantwortet und so habe ich geantwortet, dass sie, hätten sie mit der Religion nicht ihre Scham abgelegt, sich bis zum Äußersten selbst missfallen würden. Ich habe enthüllt, in welchem Glauben sie die Schriften behandeln, ich habe von mir den Dreck abgewischt, mit dem ich beworfen wurde, ich habe von meinem Hals die gewaltsamen Angriffe abgewehrt und die apostolische Rechtfertigungslehre habe ich gegen den Stumpfsinn aufrechterhalten, ja gegen oberflächliche und ganz ionische Argumente[82]. Mein teuerster Freund, nichts sollst Du für mich fürchten, ich weiß nämlich und bin völlig davon überzeugt, Deine Kurie ist häretisch, sie irrt, verführt, schickt die Seelen zu den Wellen des Styx[83], Gott ist sie widerwärtig und zu Recht verhasst dem Römischen Reich. Nicht täuschen sollen Dich berühmte Namen, Phrasen, jene Loblieder, süße Lobpreisungen, bebilderte Bücher, der Zulauf der Studierenden, der Applaus des ungebildeten Volkes und die Vorlieben der führenden Männer, die Wertschätzung und die Ehrungen. Es ist alles vergänglich, um nicht zu sagen die Vergänglichkeit selbst der Vergänglichkeiten. Sie werden nämlich nicht bestehen oder werden nicht bestehen können (es sei denn, sie umgürteten sich mit dem Schwert), sobald die Sache zur strengsten Prüfung der neuen Lehre gelangt. Es gab einst Sekten weit mächtiger als diese jetzt, und dennoch haben sie sich, einmal verurteilt, nicht halten können. Wenn Eure Apostel reinen Tisch lieber hätten machen wollen als die Kirche durcheinanderzubringen, dann wäre ich heute

*Quam Tertulliani ex apologetico sententi-
am nunc eo magis exosculor, quo meis af-
flictionibus plus consolationis suppeditat.
Vale.*
Facchae. XXV. Novembris. Anno M.D.XXXII.

noch bei ihnen. Sie haben Verbesserung versprochen und herauskam Zerstörung. Wir haben dem Schutzmantel des Evangeliums geglaubt, aber als er weggezogen wurde, kommen Träume eines Mönches zum Vorschein und das Alte ist beiseite gelegt. Die Zeit wird alles offenbaren. Wie die Tertullianer[84] aus der Verteidigung, so vertrete ich jetzt desto mehr meine Meinung, je mehr Trost meiner niedergeschlagenen Stimmung zukommt. Lebe wohl! Vacha, 25. November. Im Jahre 1532.

Witzel (aus Vacha) an Fabricius (in Wittenberg), 1532 Dezember 31[85].

M. B. F. S. P.

*SCYTALAS TRISTISSIMAS SEMPER ad fra-
truelem et me mittis, Fabrici, numquam ne
unas quidem laetas. Versaris tu sane inter
evangelicos, sed nullum hactenus evangelion accipio. Nuntias non bona, bonus alioqui uir. Verum id facis invitissimus, scio, et
magis amore mei, immo dico, adactus,
quam vel terrendi cupiditate vel nocendi
studio. Fidus narrator es. Reddis totidem
verbis rem quot accepisti, neutro flectis, nihil pronuntias, non agis iudicem, amicum
amicissimum, ut consuesti, non agere non
potes. Illud nosse percupiam, quid tu pro
benevolentia in me tua incredibili proque
prudentia tua non aspernanda tam crassis
de me mendaciis respondeas: Forte, nescio,
non credo. Odio hominis haec ficta sunt.
Secus certe non respondere potes. Quare
ne quid dubites, amicissime homo, scito me
mendaciis opprimi, non veritate. Compa-
rem meam non negavi nec abieci. Novit hoc
Faccha nostra omnisque regio.*

An Magister Balthasar Fabricius meinen herzlichsten Gruß.

Ganz traurige geheime Botschaften schickst Du, mein lieber Fabricius, an Dein Brüderchen[86] und mich, niemals aber auch nur eine einzige frohe. Du hältst Dich zwar bei den Evangelischen auf, aber bis jetzt vernehme ich kein Evangelium. Du meldest nichts Gutes, der Du doch sonst ein guter Mann bist. Doch das tust Du ganz ungern, weiß ich, und mehr aus Liebe zu mir angetrieben, sage ich vielmehr, als entweder aus Lust zu erschrecken oder aus dem Bestreben zu schaden. Ein zuverlässiger Erzähler bist Du. Du gibst mit ebenso vielen Worten eine Sache wieder wie Du sie vernommen hast, durch keinen lässt Du Dich umstimmen, nichts verkündest Du, nicht führst Du Dich als Richter auf, als Freund verhältst Du Dich als teuerster Freund, wie Du es gewohnt bist, anders kannst Du gar nicht. Das wissen möchte ich sehr gern, was Du angesichts Deines unglaublichen Wohlwollens gegenüber mir, angesichts Deiner nicht zu verachtenden Klugheit den so fetten Lügen über

Doctor, quem ego fautorem mihi esse duxi, mentitur aut de suo aut de alieno. Tametsi aliud est, mendacium dicere, aliud mentiri. Nebulonis contumeliosum vocabulum non commerui, ut in me competat. Studui in omni vita honestis rebus. Quod rectum ac verum est, semper indagavi. Fugi turpitudinem unam et saluti communi cum famam meam, tum utilitatem posthabui idem facturus, dum vivam. Si regerere contumeliam animus esset, non nescirem Pantalabos Nomentanosque isto monstrare digito, in locis compluribus, qui sibi in sapientia Salomones, et in integritate Abeles videntur esse. Expectabo, dum eos revelet tempus veritatis filia. De myrothecis obscenum quiddam obscenissime scribis, sive ut mollius dicam, φυσικῶς. Notantur in libello meo pyxides aromatariae, isthuc dissimulare non possum, sed tale mihi numquam in mentem venit, tantum abest, ut scripserim.

mich antwortest: Vielleicht, ich weiß es nicht, ich glaube nicht daran. Durch den Hass des Menschen sind diese erfunden. Anders kannst Du es sicher nicht bezeichnen. Deshalb, damit Du nicht daran zweifelst, mein so befreundeter Mensch, wisse, dass ich durch die Lügen, nicht durch die Wahrheit bedrückt werde. Meine Gefährtin[87] habe ich nicht verleugnet und auch nicht aufgegeben. Dies weiß unser Vacha und die ganze Gegend.

Der Doktor[88], den ich für meinen Gönner gehalten habe, lügt entweder in eigener Sache oder in fremder. Auch wenn es etwas anderes ist, eine Lüge zu erzählen und etwas anderes zu lügen. Die Beschimpfung als Luftikus habe ich nicht verdient, dass sie auf mich zutrifft. Ich habe mich in meinem ganzen Leben um ehrbare Dinge gekümmert. Was richtig und wahr ist, danach habe ich immer geforscht. Ich bin einer Schändlichkeit entflohen und habe dem Gemeinwohl sowohl meinen eigenen Ruf als auch besonders den persönlichen Nutzen hintangestellt, um dasselbe zu tun, solange ich lebe. Wenn ich im Sinn hätte, eine Beschimpfung zu erwidern, dann wüsste ich genau, mit diesem Finger auf die Schnapphähne und Schmarotzer zu zeigen, an mehreren Orten, die sich in ihrer Weisheit die Salomonier[89] und in ihrer Unversehrtheit die Abeler[90], gesichert zu haben scheinen. Ich werde warten, bis sie die Zeit als Tochter der Wahrheit entlarven wird. Über die Quacksalber schreibst Du einiges Unanständiges auf sehr unanständige Weise, oder um es milder auszudrücken, in physischer Weise. Ich habe in meinem Büchlein gepfefferte Pandorabüchsen, das kann ich ja gar nicht verhehlen, aufgeführt, aber solches ist mir nie in den Sinn gekommen, weit davon entfernt, es geschrieben zu haben.

Insunt, mi vir, permulta sparsim in opusculo illo, quae a me ne cogitata quidem sunt. Quo fit, ut aliorum Eleutherostomorum mordax libertas mihi fraudi sit? Neminem producere possum, qui sua ἐπιφορκματα inseruerit, at illud testari atque obtinere possum mea non esse, quorum gratia Lutheristae potissimum exulcerantur. Non posui in frontispicio de prostrato Lutherismo. Non scripsi Antichriste, non scripsi Germaniae calamitas, non scripsi homicidis, non scripsi principes dementare, non scripsi occupatis illis balneo atque Venere. Alia praetercurro. Authographon meum huiusmodi non habet, quantumlibet irascantur ii, quorum est tacta conscientia. Qui ea infarsit, is defendat: Ego rationem de meis scriptis reddam coram DEO, Caesare et ecclesia universali, non tantum partiali. Venerea esse pharmaca in vita non audivi, de Agnocasto legi olim in libro medici cuiusdam. Plurima eiusmodi adhuc me latent, quae pueri quattuordecim annorum nunc habent compertissima.

Es steckt, mein lieber Mann, sehr vieles verstreut in jenem kleinen Werk, was von mir nicht einmal gedacht worden ist. Wie kommt es, dass die beißende Freiheit der anderen Freisprecher für mich schädlich ist? Niemanden könnte ich anführen, der seine Schmähungen eingefügt hätte, doch jenes kann ich bezeugen und behaupten, dass sie nicht von mir sind, derentwegen die Lutheraner hauptsächlich aufgebracht werden. Ich habe mich nicht auf den Bilddertitel über einen niedergestreckten Lutherismus gebeugt. Ich habe nicht den Antichrist beschrieben, ich habe nicht Germaniens Untergang beschrieben, ich habe nicht für Mörder geschrieben, ich habe nicht geschrieben, dass die Fürsten verrückt sind, ich habe auch nicht für jene geschrieben, die sich mit dem Bad und Venus[91] beschäftigen. Anderes übergehe ich. Mein selbst Verfasstes enthält nicht Derartiges, wie sehr sich auch die darüber aufregen, deren Gewissen berührt ist. Wer das hineinsteckt, der soll auch dazu stehen: Ich werde Rechenschaft über meine Schriften vor GOTT ablegen, dem Kaiser und der allumfassenden, nicht nur vor einer Teilkirche. Dass Liebesmittel Heilmittel im Leben sind, habe ich nicht gehört, über Keuschlosigkeit habe ich einst im Buch eines Arztes gelesen. Sehr viel Derartiges bleibt mir bis jetzt verborgen, was vierzehnjährige Jungen jetzt ganz genau wissen.

Immunditias immundissimi mundi et scelera scelerosissimi saeculi huius nondum satis cognovi servatore DEO: Afflictiones vero, quae in mundo pie viventibus multiplicari solent, super capillos etiam capitis, quemadmodum psalter ait, expertus fere sum. Falso itaque queruntur de iniuria, quam ego eis non intuli. Sin eam alius intulit, alii non mihi succenseant.

Die Unanständigkeiten der unanständigsten Welt und die Verbrechen dieses verbrecherischsten Jahrhunderts habe ich noch nicht genug kennengelernt dank GOTT, unseres Erlösers: Die Heimsuchungen aber, die sich in der Welt für Leute, die fromm leben, zu vervielfachen pflegen, über die Kopfhaare sogar hinaus, wie es der Psalter[92] sagt, habe ich in der Regel

Iam quod de Philippo scribis, nihil miror. Non possunt isti, nisi odisse, vituperare, conviciari, ridere, insectari dissentientes. Sed heus tu, quaenam illa sunt, quae vir non bonus scripsi? Forsan pyxides, Antichristus, homicida et cetera, non mea λοδώρϊα animum hominis tenerrimum adedunt?

Audisti me ista non scripsisse, quae tamen eiusmodi sunt, ut, si scripsissem, haudquaquam vellem ire inficias. Quod si vir bonus cetera non scribit, igitur neque Apostoli neque antiqui ecclesiae magistri, a quibus non dissentio, viri boni fuerunt. Concipe animo, quomodo bonis viris congruant omnia, quae isti insecutores mei iam aliquot annis praefidenter scripserunt. Probari potest, talia eos et scripsisse et fecisse, quae non a bonis viris, sed a levissimis atque improbissimis hominibus profecta esse et nos et posteri iudicabunt. Si vir bonus est Philippus, maximo studio cavebit, ne divina humanaque praeiudicio suo in contemptum adducere pergat. Officium boni viri non est, se suaque laudare, aliena reprehendere, quae viri non boni solum, verum etiam optimi atque sanctissimi multis retro saeculis in ecclesia DEI prodiderunt. Mirum dictu autem est, quam vos penitus devoti, dediti, addicti atque iurati vestris istis Theologis, ut ipsa res clamet sectam esse, non ecclesiam, in qua tempus vestrum consumitis.

erfahren. Fälschlicherweise beklagen sie sich deshalb über ein Unrecht, das ich ihnen nicht zugefügt habe. Wenn es aber ihnen ein anderer zugefügt hat, dann sollen die anderen mir nicht zürnen.

Was Du jetzt über Philipp[93] schreibst, darüber wundere ich mich überhaupt nicht. Nur hassen, tadeln, lästern, auslachen, verfolgen diejenigen, die unterschiedlicher Meinung sind, das können diese Menschen. Aber hör' mal, Du, was ist denn das, was ich als nicht anständiger Mann geschrieben habe? Vielleicht nagen Pandorabüchsen, der Antichrist, ein Mörder und so weiter, aber nicht meine Lästerungen den äußerst zarten Geist des Menschen an?

Du hast gehört, dass ich solches nicht geschrieben habe, das trotzdem dieser Art ist, dass ich keineswegs wollte, hätte ich es geschrieben, Du würdest Dich damit anstecken. Wenn aber ein anständiger Mann das Übrige nicht schreibt, also weder die Apostel noch die alten Kirchenlehrer, von denen ich nicht abweiche, dann sind es anständige Männer gewesen. Nimm geistig auf, wie das alles zu anständigen Männern passt, was diese meine Verfolger schon einige Jahre ganz vertraulich geschrieben haben! Das kann man ja billigen, dass sie aber solches geschrieben und auch getan haben, was nicht von anständigen Männern, sondern von sehr leichtsinnigen und überaus verdorbenen Menschen bewirkt worden ist, das werden wir und unsere Nachkommen beurteilen. Wenn Philipp ein anständiger Mann ist, dann wird er sich mit größtem Bemühen davor hüten, Göttliches und Menschliches durch sein Vorurteil weiter der Verachtung preiszugeben. Die Pflicht eines anständigen Mannes ist es nicht, sich und

Nam is peculiaris mos est, ab initio sectis, quarum nulla non primas suas dedit authoribus, vix passa, ut ceteri in secundis tertiisve consisterent. Ad eum modum affixi erant Pythagorici suo Pythagorae, peripatetici Aristoteli suo, Platoni Academici. Sic suos trahebat discipulos Phidias, suos unice delectabat Lysippus. Adorant ferme Zuingliani Zuinglii sui cineres de busto domum allatas. Retinctores Rinchium ita solum admirantur, ut solus sapere ipsis videatur, ceteros omnes volare umbras. Mahometistae et Mosaistae Mahometem et Mosen nullo CHRISTO permutabunt. Ita Lutheristae Lutherum, Philippistae Philippum suum nullo Cypriano, nullo Lactantio umquam commutabunt.

Videtur vobis alienissimus esse ab errore, a stultitia, a malevolentia omni Lutherus: atque adeo primus esse in Europa theologus, primus, solus et unus scripturae doctor nec fieri posse, ut ab ullo queat vel convinci vel vinci. Quod si ipse maxime queat, impossibili tamen impossibilius esse, ut vincatur Philippus, quippe polyhistor, et in

die eigenen Taten zu loben, das Fremde jedoch zu tadeln, was nicht nur anständige Männer, sondern sogar die besten und heiligsten vor vielen Jahrhunderten in der Kirche GOTTES hervorgebracht haben. Verwunderlich zu sagen aber ist, dass Ihr ganz und gar ergeben, hingegeben, verschrieben und verschworen Euren Theologen da seid, damit die Sache selbst laut verkündet, dass sie eine Sekte ist, keine Kirche, in welcher Ihr Eure Zeit verbringt. Denn dies ist ein eigentümlicher Brauch, von Anfang an den Sekten eigen, von denen jede die erste Stelle ihren Urhebern eingeräumt hat, aber kaum hatte sie sich verbreitet, dass die anderen sich an zweiter oder dritter Stelle aufstellten. Auf diese Weise waren die Pythagoräer ihrem Pythagoras verpflichtet, die Peripatetiker ihrem Aristoteles, ihrem Platon die Akademiker. So zog Phidias seine Schüler an sich, einzigartig erfreute die Seinen Lysippus[94]. Fast beten die Anhänger Zwinglis die Asche ihres Zwingli[95] an, die von der Brandstätte nach Hause gebracht worden ist. Die Wiedertäufer bewundern Rinck[96] allein so, dass er ihnen selbst allein weise zu sein scheint, allen übrigen die Schatten zu vertreiben. Die Mahomestister und die Mosaisten werden Mahometes und Moses durch keinen CHRISTUS eintauschen. So werden die Lutheristen Luther, die Philippisten ihren Philipp durch keinen Cyprian, durch keinen Laktanz[97] jemals austauschen.

Es scheint uns überhaupt ganz abgeneigt zu sein dem Irrtum, der Dummheit, jeder Böswilligkeit Luther: und so sehr scheint er der erste Theologe in Europa zu sein, der erste, alleinige und einzige Doktor der Schrift, dass er unmöglich von irgendeinem entweder widerlegt oder besiegt werden könnte. Wenn er also selbst das am

quem omnes Pandorae omnes dotes semel infuderint.

Atque ô miserrimos vos, qui usque adeo confidatis in hominibus, quibus affectus sui dominantur et quorum exitum nondum vidistis. Veteres non supersunt nec vobis libri eorum leguntur, ob id infimo subsellio deputantur. Nec dubito primo quoque loco cessuros, vestra etiam sententia, si essent adhuc in vivis et coram audirentur ut isti vestri, et liceret oppositis respondere, aliqua etiam scripta sua emendare, uti vestris per vitam licet. Tu dehortaris ab instituto, id quod suspicionem quandam de me tuam mihi incutit.

Proxima aetate hortabaris addito haud vulgari calcari, ne dona a DEO data supprimerem, iis enim verbis utebare: Nunc vis supprimi. Timeo, inquis, tibi. Hoc amicitiae est, sed non ita deterrendus eram a causa optima, cui si deero, quantumvis membrorum CHRISTI minimus, iacturam animae meae faciam. Persuasissimum mihi habeo tuos errare Deos, et tam persuasissimum quam persuasissimum mihi est DEUM unum esse.

Quare sanguinis atque animae prodigus non tacebo propter Zion, donec veritas ius-

meisten könnte, so scheint es dennoch unmöglicher als unmöglich zu sein, dass Philipp besiegt wird, freilich ein Polyhistor[98], und gegen den alle Pandoren[99] alle Gaben auf einmal ausgeschüttet haben.

Und ach, Ihr Ärmsten, die Ihr stets so sehr auf die Menschen vertraut, die von ihren Leidenschaften beherrscht werden und deren Ende ihr noch nicht gesehen habt! Die Alten sind nicht mehr da, von Euch aber werden ihre Bücher nicht gelesen, deshalb bestimmt man sie für die unterste Bank. Auch zweifle ich nicht daran, dass sie alle ersten Plätze verlieren würden, sogar nach Eurer Meinung, wenn sie noch unter den Lebenden wären und öffentlich gehört würden wie jetzt Eure Favoriten, und auch wenn es ihnen möglich wäre, den Einwendungen zu entgegnen und sogar einige ihrer Schriften zu korrigieren, wie es den Eurigen ein Leben lang erlaubt ist. Du rätst von dem Vorhaben ab, was einen gewissen Verdacht von Dir über mich mir einflößt.

In jüngster Zeit ermahntest Du mich ständig, wobei Du den nicht gewöhnlichen Stachel hinzufügtest, dass ich von GOTT gegebene Geschenke nicht unterschlagen solle, denn diese Worte gebrauchtest Du: Jetzt willst Du unterschlagen werden. Ich habe Angst um Dich, sagst Du. Das ist ein Zeichen von Freundschaft, aber nicht so durfte ich von der besten Sache abgehalten werden, und vernachlässige ich sie, wenn ich auch der Geringste unter den Gliedern CHRISTI bin, so werde ich doch Schaden meiner Seele zufügen. Ich bin fest davon überzeugt, dass Deine Götter irren und ebenso so sehr bin ich davon fest überzeugt wie ich davon fest überzeugt bin, dass es nur einen GOTT gibt.

Deshalb werde ich als einer, der sein Blut und sein Leben hingibt, nicht schweigen

titiaque prae errore ac iniustitia exeat. Nec adeo timendi isti tui sunt, quorum putredinem orbis videre coepit et quorum a principibus intellecta fraus communem omnem defectionem gignet suo in tempore.
Vale.
Facchae trigesimo primo Decembris. Anno M.D.XXXII.

wegen Zion[100], bis Wahrheit und Gerechtigkeit sich vor dem Irrtum und der Ungerechtigkeit durchsetzen. Aber nicht so sehr sind Deine Favoriten zu fürchten, deren Morschheit die Welt zu erkennen beginnt und deren von den Fürsten durchschauter Betrug einen ganz allgemeinen Aufstand zu gegebener Zeit auslösen wird. Lebe wohl!
Vacha, 31. Dezember. Im Jahre 1532.

Witzel (aus Eisleben) an Fabricius (in Wittenberg), 1534 August 8[101].

M.B.F. S.P.

FACILE IGNOSCO PERPETUAE TACIturnitati tuae, clare et idem care uir, quippe non nescius, e quo loco scribere te oporteat et cui, si scribere libeat. Amor in te meus et fides nihil decreuit, id quod mihi credas nimium velim. De tragoedia, quam mihi misero vestrates apostoli acerbissimam excitarunt, in praesentiarum ad te nullum verbum. Nolim enim ulla occasione istos commoueri in amicos meos, posteaque in me, quanti sunt, toti insaniunt. Invicta veritas reteget orbi rem omnem. Audio Margaritam (vere Margaritam virtute fideque) uxorem tuam, valde caram tibi, viciniae amicam, vitam morte commutasse, idque ptisi. Qui rumor, si vanus non est, vehementer animum meum affligit. Contra solatur virtus mulieris et orbitas fere nulla. Solacio, opinor, non eget pectus istud tuum, masculum, excelsum.

An Magister Balthasar Fabricius meinen herzlichsten Gruß.

Leicht verzeihe ich Dir Dein ständiges Schweigen, Du berühmter und ebenso liebenswürdiger Mann, da Du ja genau weißt, von welcher Position aus Du schreiben musst und wem, wenn Du Lust hast zu schreiben. Meine Liebe zu Dir und meine Aufrichtigkeit haben nichts darüber entschieden, wovon ich nur allzu sehr will, dass Du es mir glaubst. Über die Tragödie, die mir Armen Eure Apostel auf das Bitterste hervorgerufen haben, verliere ich im Augenblick kein Wort. Ich möchte nämlich nicht, dass sie durch irgendeine Gelegenheit gegen meine Freunde aufgebracht werden, und später lassen sich alle, wie viele es sind, an mir aus. Die unbesiegte Wahrheit wird der Welt die ganze Sache aufdecken. Ich höre, die Perle (wirklich die zuverlässige, tugendhafte Perle), Deine Frau[102], sehr teuer Dir, die Freundin der Nachbarschaft, habe das Leben gegen den Tod eingetauscht, und zwar wegen der Schwindsucht. Dieses Gerücht, falls es nicht haltlos ist, trifft heftig meine Seele. Dagegen tröstet die Tugendhaftigkeit der Frau und die Tatsache, dass sie eben keine Kin-

Te heroicum, stoicum et eundem Christianum decet animi tranquillitas perturbatione procul ablegata, precibus tamen et eleemosynis DEO nostro commendanda uxor est, quae nos ea via praecessit, quam metiemur universi.

Porro caelebs, mirabor, si istis in finibus, hoc in oppido, inter homines tales diu morabere. Nam succurrit animo, quod aiebas me istinc discedente. Utinam vero mihi Erphordiae domus esset, cuius copiam patrono tanto meo ego facerem! Sunt illic domus multae, sunt illic boni homines, iidem fide ac constantia spectata, sunt honesti viri, docti viri, tui admiratores adhuc. Quare me consule, me hortatore, relicta civitatula, in qua tempus perdes, nihil dico asperum, Erphurdiam petes gratissimus hospes, iucundissimus amicus, doctissimus litterator.

Quidquid tibi tuisque rebus erit commodissimum, facies.
Vale.
Me redama, de me nihil sinistri suspicare, etiamsi trecenti libelli in hoc caput meum emittantur a malevolis calumniatoribus.

Scribere plura libet, sed pondere lassa catenae est manus et vires subtrahit ipse timor.
Islebii octavo Augusti. Anno M.D.XXXIIII.

der hatte. Trost braucht nicht, vermute ich, Dein Herz, das männlich und erhaben ist. Dir als heldenhaften, stoischen und ebenso christlichen Menschen ziemt die Seelenruhe, nachdem die Umtriebigkeit weit entfernt wurde, dennoch muss die Gattin durch Gebete und Almosen unserem GOTT anvertraut werden, die uns auf diesem Weg vorangeschritten ist, den wir alle durchmessen werden.

Wirst Du dann im weiteren ehelos bleiben, werde ich mich fragen, wenn Du in diesem Gebiet, in dieser Stadt hier unter solchen Menschen lange verweilen wirst? Denn das kommt der Seele zu Hilfe, was Du sagtest, als ich von hier aufbrach. Hätte ich doch in Erfurt ein Haus, über das ich meinen so großen Schutzherrn stellen würde! Es gibt dort viele Häuser, es gibt dort gute Menschen, gleichermaßen von erprobtem Glauben und bewährter Standhaftigkeit, es gibt ehrbare Männer, gelehrte Männer, Deine Bewunderer immer noch. Deshalb sage ich unter meiner Beratung, Ermahnung, wenn Du das Städtchen verlässt, in dem Du nur Zeit vergeuden wirst, nichts Unangenehmes, nach Erfurt wirst Du ziehen als willkommenster Gast, angenehmster Freund, gelehrtester Literat.

Was auch immer Dir und Deinen Angelegenheiten am besten passt, das wirst Du tun. Lebe wohl!

Erwidere meine Liebe, über mich denke nichts Schräges, auch wenn dreihundert Schriften auf diesen meinen Kopf herausgegeben werden von böswilligen Verleumdungen!

Schreiben möchte ich mehr, aber durch das Gewicht der Kette ist die Hand erschlafft[103] und die Kräfte zehrt heimlich die Angst selbst auf.

Eisleben, 8. August, im Jahr 1534.

Witzel (aus Eisleben) an Fabricius (in Wittenberg), 1536 Mai 28[104].

M.B.F. S.P.
OLIM SOLEBAM AD TE FREQUENTiores litteras mittere, etiam saepe cum nihil usque adeo existeret, quod vel ego deberem scribere vel quod tu ad te, ut scriberetur, rogares: Nunc multae intercesserunt causae insoliti silentii. Primum ignoro, num tu a me sine offensa litteras accipias, quoniam schismati valedixi vestro. Quae res ex amicis multos in inimicos non solum mihi, verum etiam in scorpiones et basiliscos vertit. Unde suspicari cogor, numquam mihi istos solide amicos fuisse. Deinde metuo, ne quid tibi invidiae pariam apud tuos istos apostolos, si audiunt me ad te dare litteras. Nam nolim quemquam mea causa vel minimum gravari. In me omnis invidia molestiaque ceu authorem devolvatur. Ego ad flagella paratus sum. In me converti ferrum debet, si est iniquitas in viis meis. Oves quid commeruerunt? Postremo retrahit a conscribendis epistolis res libraria, praesertim ubi incalescunt operae typographicae. Atque haec causa vel ob hoc maiorem meretur veniam, quod praestet multis quam uni homini scripsisse.

Quantumlibet id vero mihi vitio vertitur, non possum tamen aliter. Vereor, ne non liceat umquam mihi, quem neque inconsulto neque incogitanter prehendi his digitis, calamum ponere. Scribimus indocti quidem,

An Balthasar Fabricius meinen herzlichsten Gruß.
Einst pflegte ich Dir öfter Briefe zu schicken, auch wenn es oft gar nichts gab, was ich entweder hätte schreiben müssen oder worum Du gebeten hättest, dass es Dir geschrieben würde: Jetzt kamen viele Gründe ungewohnten Schweigens dazwischen. Erstens weiß ich nicht, ob Du von mir ohne Beleidigung Briefe empfangen möchtest, da ich ja Eurem Schisma eine Absage erteilt habe. Diese Sache macht aus Freunden viele nicht nur mir zu Feinden, sondern sogar zu Skorpionen und Basilisken[105]. Daher werde ich gezwungen zu vermuten, diese Leute seien niemals wirklich meine Freunde gewesen. Zum zweiten fürchte ich, Dir etwas Neid bei Deinen Aposteln da zu erzeugen, wenn sie hören, dass ich an Dich Briefe richte. Denn ich möchte nicht, dass jemand meinetwegen nur auch die geringsten Schwierigkeiten bekommt. Auf mich wälze man jeden Neid und jede Beschwerde ab, als sei ich der Urheber. Ich bin zur Geißelung bereit. Gegen mich muss das Schwert gewandt werden, falls es eine Ungerechtigkeit auf meinen Wegen gibt. Was haben die Schafe sich zuschulden kommen lassen? Schließlich zieht sich das Buchwesen vom Verfassen von Briefen zurück, zumal seit die Druckanstalten begeistern. Und dieser Grund verdient besonders deswegen eine höhere Gunst, weil es besser sein sollte, vielen als nur einem einzigen Menschen geschrieben zu haben.

So sehr das mir aber als Fehler angekreidet werden mag, ich kann dennoch nicht anders. Ich habe Angst davor, dass es mir niemals gestattet sein könnte, die Feder, die ich weder unüberlegt noch unbedacht

sed tamen non impii et fortassis aliquanto salubriora firmioraque, atque ii, quorum fama astra ferit et attingit inferos. Nondum vero examine et severo et iusto iudicio cognitum est, quod utrimque scribimus. Nam illic amore iudicatur hactenus, hic odio. Quicquid illi somniant, non potest displicere ullis, quia praefert gratiosa authorum nomina. Nos vel, quod edimus optimum, ideo non potest placere, quod sit a Vuicelio profectum. Cuivis ego malignitatis exempla plurima comperi. Schismaticus adhuc placere potui schismaticis. Evangelicus vero nunc pseudevangelicis uti placeam, numquam ambiero.

Tu cave, rogo, ne me posthac tanta temeritate vel iudices vel damnes. Quo hoc spiritu ausus fuisti facere? Bono?

Commonstra igitur errorem! Huius si me conviceris, dicam te recte iudicasse. Sed tu quicquid iudicas, praeiudicio iudicas. Ingeritur in aures tuas me errare, igitur tu scribis me errare. Quid si aliquando sobrii, me regia ire via fateantur. Num instares me errare?

Cur mihi perinde non credis, si asseverem tuos errare fictos apostolos? An umquam deprehendisti me in aliquo mendacio? Ais hic agi de veritate divina. Maxime vero. Atqui ego nonne totus in hoc versor, ut

mit diesen Fingern angefasst habe, niederzulegen. Wir schreiben zwar ungebildet, aber dann nicht unfromm und vielleicht bedeutend Heilsameres und Dauerhafteres, und wir sind diejenigen, deren Ruf die Sterne erreicht und zugleich die Unterwelt berührt. Noch nicht aber ist sowohl durch ernsthafte Prüfung als auch gerechtem Urteil bekannt, was wir von beiden Seiten schreiben. Denn dort wird bis dato mit Liebe geurteilt, hier mit Hass. Was auch immer jene träumen, das kann niemandem missfallen, weil es die in Gunst stehenden Namen der Verfasser vorzieht. Sogar das, was wir als Bestes herausgeben, kann schon deshalb nicht gefallen, weil es von einem Witzel ausgegangen sei. Von Beispielen an Bosheit gegenüber jedermann habe ich sehr viele erfahren. Als Schismatiker habe ich bis jetzt den Schismatikern gefallen können. Als Evangelischer aber jetzt den Pseudoevangelischen zu gefallen, das werde ich niemals angestrebt haben.

Du bitte hüte Dich davor, mich nicht später so vorschnell zu verurteilen oder zu verdammen. Mit welchem Geist hättest Du es gewagt, dies zu tun? Mit einem guten?

Zeige doch den Irrtum! Wenn Du mich dessen überführst, werde ich sagen, dass Du recht geurteilt hast. Aber was immer Du urteilst, urteilst Du mit einem Vorurteil. Es wird Deinen Ohren zugetragen, ich irrte mich, also schreibst Du, dass ich mich irre. Wenn es jemals etwas Vernünftiges gibt, dann sollen sie gestehen, dass ich auf dem Königsweg gehe. Würdest Du mir dann noch drohen, ich irrte mich?

Warum glaubst Du mir denn ebenso nicht, wenn ich Dir versicherte, Deine falschen Apostel irrten? Oder hast Du mich jemals bei irgendeiner Lüge ertappt? Du sagst, hier gehe es um die göttliche Wahrheit. In

scruter scripturas utque vener et captem, quae sunt verissima apud DEVM testem et invicta apud meos antagonistas? Quid edidi impium, quid haereticum, quid blasphemum? Quid scripsi seditiosum, quid perniciosum, quid inhonestum aut improbum? Ubi praevaricor evangelion? Ubi omitto scripturae ultro inservientia testimonia? Faciunt, inquies, id nostri quoque. Igiturne erro ipse, si tui idem, quod ego, faciunt? Verum an id faciant necne, excutere huius loci non est.
Vale.
Islebii Exaudi. Anno M.D.XXXVI.

der Tat am meisten darum. Und beschäftige ich mich nicht ganz damit, Schriften zu erforschen und auf sie Jagd zu machen und das zu ergreifen, was ganz wahr ist bei Gott als Zeugen und unwiderlegbar bei meinen Gegenspielern? Was habe ich Unfrommes herausgebracht, was Häretisches, was Blasphemisches? Was habe ich Aufrührerisches geschrieben, was Gefährliches, was Unanständiges oder Schändliches? Wo schmälere ich das Evangelium? Wo übergehe ich obendrein die zu Diensten stehenden Zeugnisse der Schrift? Das tun, so wirst Du sagen, auch unsere Leute. Irre ich also selbst, wenn Deine Leute dasselbe tun wie ich? Ob sie wirklich das tun oder nicht, kann hier nicht herausgefunden werden.
Lebe wohl!
Eisleben, Exaudi (28. Mai). Im Jahre 1536.

Anmerkungen

1. Das Kapitel beruht im wesentlichen auf einen Vortrag von Olaf Ditzel: „Georg Witzel – vom Weggefährten zum Widersacher Martin Luthers". Gehalten zur Eröffnung der Sonderausstellung „Vacha und die Reformation" am 31. März 2017 in der Burg Wendelstein/Vacha.
2. Belege siehe Ditzel Studenten, S. 36.
3. Vgl. Ditzel BBKL, Sp. 408 und Ditzel Studenten, S. 36 ff.
4. ThStAMeiningen, GHA Sekt III Nr. 399.
5. Vgl. Hans Goller, Rechnungen 1965; Bürgerbuch 1970.
6. Vgl. Ditzel Studenten, S. 36.
7. Jedenfalls besuchte er Mutian mindestens einmal (1509) in Gotha (Krause 1885, S. 169 Nr. 133; vgl. S. 139 Nr. 114).
8. Bemerkenswerterweise nimmt Eckhard Bernstein 2014 Fabricius überhaupt nicht wahr (S. 83ff.).
9. Jürgens 1847, S. 215; vgl. Treu 1989, S. 81f. und Gutjahr 2017, S. 305 ff.
10. Treu 1996, S. 356; Kathe 2002, S. 54; Lück 2017, S. 267.
11. Luther (WA VII), S. 185.
12. Vgl. Burmeister 2015, S. 602.
13. Ditzel Studenten, S. 36, Anm. 438.
14. Fabricius wohnte um 1515 nach Aussage von Johann Oldecop angeblich in der Sophien-Burse (Treu 1989, S. 81). Eine andere Quelle verortet ihn dagegen zu dieser Zeit in der *Bursa fontis* (Ditzel Studenten, S. 36). Beide Unterkünfte werden 1517 erwähnt (Ludwig Zucht 2017, S. 289). Die Sophienburse war Universitätslehen. Ab 1531 erscheint F. als Lehensträger an dem Haus (Ludwig Bursen 2017, S. 318). Nach Angaben in den Wittenberger Kämmereirechnungen hat Fabricius zwischen 1517 und 1522 gebaut (Oehmig 2017, S. 162). Ob es sich hierbei um einen Um- oder Neubau des 1510/11 bezeugten Hauses handelt, bleibt ungewiss.
15. Kathe 2002, S. 22, 72.
16. Scheible 2007, S. 17. Seine letzte Ruhe fand er in der Wittenberger Stadtpfarrkirche (Hennen 2017, S. 180, Anm. 29).
17. Belege vgl. Ditzel Studenten, S. 41 ff.
18. Henze 1995, S. 16 Anm. 92.
19. Witzels Brief vom 24. Dezember 1531 (siehe unten) schildert gleich am Anfang die Verbundenheit zwischen Studentenschaft und Lehrer.
20. Balthasar Raid (um 1495–1565). Raid war 1523 zusammen mit Witzel Vikar in Vacha. Nach 1529 (Marburger Religionsgespräch) setzte er sich mit Witzel und den hessischen Täufern auseinander.
21. Krause 1885, S. 8 Anm. 3.
22. Ratsschulbibliothek Zwickau; Treu 1989, S. 69f. Ein Dankeschön an Herrn Martin Treu für die Kopien (vgl. Benzing 1953, S. 203/3f.).
23. Hermann Trebelius (um 1475–nach 1515), Dichter und Drucker.
24. Kilian Reuter (1480–1516), ein Wittenberger Professoren-Kollege.
25. Epiktet (50 – 138), antiker Philosoph.
26. Aldus Pius Manutius (1449–1515), venezianischer Buchdrucker (vgl. Treu 1989, S. 71).
27. Ratsschulbibliothek Zwickau; Treu 1989, S. 69f. (vgl. Benzing 1953, S. 203/3f.).
28. Münch 1821, VI Epistola, S. 144.
29. Witzel 1537, CERA-Edition: Liber I Fol. E1a; Henze 1995, S. 290.
30. Johannes Campanus (um 1500 – um

1574). Theologe mit antitrinitarischen und wiedertäuferischen Neigungen.
31 Anthonius, ein Gastwirt in Niemegk.
32 Wohl Theodor Stechavius, ein Wittenberger Student (Perlbach, S. 32).
33 König Achisch von Gat (Stadt der Philister), regierte zur Zeit von König David.
34 Hohepriester zur Zeit von König David.
35 König Saul, erster König der Israeliten, Vorgänger von David.
36 Witzel und Campanus nahmen am Marburger Religionsgespräch 1529 teil.
37 Bezieht sich vielleicht auf Johannes Campanus bzw. dessen Anwesenheit (bis 1528) im Herzogtum Jülich.
38 Witzel 1537, CERA-Edition: Liber I Fol. B1a; Henze 1995, S. 290. Ob mit B.F. als Adressat Fabricius gemeint ist, der ja sonst mit M.B.F. charakterisiert wird, bleibt umstritten (vgl. Henze 1995, S. 290 Anm. 5).
39 B[ALTHASARO] F[ABRICIO] SALUTEM PLURIMAM.
40 Heilgott in der griech. Mythologie, auch mit Apollon gleichgesetzt.
41 Leo X. war vom 11. März 1513 bis 1. Dezember 1521 Papst und exkommunizierte Martin Luther am 3. Januar 1521.
42 Sohn des Dionysos u. der Aphrodite. Fruchtbarkeitsgott und Beschützer der Tiere und Früchte.
43 Der Türkenkrieg (Osmanisches Reich) 1526 bis 1562 gegen Habsburg.
44 Die Einwohner Mährens. Seit 8 – 6 v. Chr. besiedelte der germanische Volksstamm der Quaden diesen Landstrich.
45 Witzel 1537, CERA-Edition: Liber I Fol. B1a; Henze 1995, S. 290. Bezüglich des Adressaten vgl. den vorangegangenen Brief.
46 Vgl. vorangegangenen Brief.
47 Witzel war 1530 wegen falscher Anschuldigungen in (Bad) Belzig eingekerkert (Trusen, Reform, S. 15.).
48 Reichstag in Augsburg in der zweiten Junihälfte 1530, wo auch der hessische Landgraf Philipp teilnahm.
49 In der Biblia Sacra Vulgata heißt es nach Mt. 14,4: „dicebat enim illi [d. h. dem Tetrachen Herodes Antipas] Iohannes non licet habere eam [d. h. Herodias, die Ehefrau seines Halbbruder Philippus]".
50 Witzel 1537, CERA-Edition: Liber I Fol. M1a; Henze 1995, S. 291. Im Sommer 1531 hielt Witzel beim Kurfürsten um seine Dienstentlassung an, Anfang Oktober ist er in Vacha (Henze 1995, S. 21, 291).
51 Gleichnamiger Sohn von Georg Witzel.
52 Arzt in Niemegk oder in Wittenberg?
53 Witzel 1537, CERA-Edition: Liber II Fol. S1a; Henze 1995, S. 291. Ab Anfang Oktober ist Witzel in Vacha nachgewiesen (Henze 1995, S. 291).
54 Witzel 1537, CERA-Edition: Liber II Fol. M3a; Henze 1995, S. 291.
55 Mit den Bürgern in Vacha.
56 Huldrych Zwingli (1484–1531), Schweizer Theologe und erster Reformator Zürichs.
57 Georg Witzels verstorbener älterer Bruder war mit Katharina Wenck verheiratet. Aus der Ehe gingen die Kinder Margaretha und Johannes hervor (Ditzel 1998. S. 97f.).
58 Begründer der Rhetorik, lebte im 5. Jh. v. Chr. auf Sizilien.
59 Landgraf Philipp I, genannt der Großmütige (1504–1561).
60 Niederlage der reformierten Kantone unter Führung Zürichs gegen die katholischen Kantone 1531 im zweiten Kapellerkrieg. Tod von Huldrych Zwingli in der Schlacht bei Kappel (Okt. 11).
61 Karl V. (1500–1558), ab 1520 Kaiser des Heiligen Römischen Reiches.

⁶² Melchior Rinck (um 1493– um 1545). Theologe und Humanist. Täuferführer im hessisch- thüringischen Grenzgebiet. In Vacha 1531 (Okt. 11) verhaftet (Rode, S. 21).

⁶³ Also auf der alten Frankfurt-Leipziger-Straße, welche bei Vacha die Werra querte. Hier ist seit dem 12. Jahrhundert eine Brücke nachgewiesen.

⁶⁴ Ob mit dem 1532 (Dez. 31) erwähnten Bruder deren Ehemann gemeint ist bleibt ungewiss. Beide sind namentlich nicht bekannt. Ebenso der Standort des Vaterhauses.

⁶⁵ Witzel 1537, CERA-Edition: Liber II Fol. T1a; Henze 1995, S. 292.

⁶⁶ Kurze im Gegensatz zur ausgeschmückten Rhetorik.

⁶⁷ Witzel meint hier die Rhön.

⁶⁸ Bezeichnung für Vacha oder die Rhön?

⁶⁹ Krates, Leiter der Platonischen Akademie in Athen, gestorben zwischen 268 und 264 v. Chr.

⁷⁰ Antike griech. Währung = 100 Drachmen.

⁷¹ Balthasar Raid/Reith (um 1495 in Fulda – 1. Oktober 1565 in Hersfeld).

⁷² Johann Draconites, auch Johannes Carlstadt genannt, Theologe und Reformator (um 1494–18. April 1566). Zu dem damals in Eisenach weilenden Draconites hatte Witzel von 1531 bis 1533 brieflichen Kontakt (Henze 1995, S. 32 Anm. 181).

⁷³ Landgraf Philipp I. (1504–1561).

⁷⁴ Der alttestamentliche Prophet Haggai, der in seinem Buch 520 v. Chr. zum Wiederaufbau des 587/586 von den Babyloniern zerstörten Jerusalemer Tempels aufrief.

⁷⁵ Melchior Rinck (vgl. oben Anm. 62).

⁷⁶ Ein nördlich der Donau im östlich des Rheins gelegenen Mittelgebirge tätiger Lehrer, d.h. Luther. Abgeleitet vom bei Cäsar in seinem Gallischen Krieg 6, 24 –28 beschriebenen Hercynischen Wald.

⁷⁷ Der von Kaiser Karl V. einberufene und unter Vorsitz von König Ferdinand I. in Regensburg vom 17. April bis zum 27. Juli 1532 stattfindende Reichstag. Ein Reichstag in Schweinfurt ist nicht bekannt.

⁷⁸ Witzel bezieht sich auf das 7. Buch der Aeneis Vergils, in dem die Göttin Juno die niemals rastende Erinye oder lat. Furie Alecto beauftragt, durch einen Krieg zu verhindern, dass Latium an die Trojaner unter Aeneas fällt. Der Satz ist ein Zitat der Verse 332 u. 333: „hunc mihi da proprium ... laborem, hanc operam, ne noster honos infractave cedat fama loco ...".

⁷⁹ Karl V. (1500–1558), ab 1520 Kaiser des Heiligen Römischen Reiches.

⁸⁰ Witzel 1537, CERA-Edition: Liber II Fol. Z1a; Henze 1995, S. 292.

⁸¹ Pausanias (Kap. 6,2) spricht in seiner Beschreibung Griechenlands von der Statue eines Faustkämpfers aus Samos.

⁸² Wissenschaftliche Argumente, abgeleitet vom Stamm der Ionier als Hauptträger der griechischen Kultur in Kleinasien.

⁸³ Der Unterweltfluss der griechischen Mythologie, der den Hades neunmal umfloss und über den Charon die Seelen der Toten gegen einen Obolus übersetzte.

⁸⁴ Anspielung auf das vom Kirchenvater Tertullian (nach 150 – nach 220) verfasste Apologeticum, in dem dieser um 198 das Christentum gegen das Heidentum verteidigte.

⁸⁵ Witzel 1537, CERA-Edition: Liber II Fol. Gg 1a; Henze 1995, S. 293.

⁸⁶ Der demnach wohl in Vacha ansässige Bruder ist namentlich leider nicht bekannt. Ob mit der 1531 (Dez. 24) erwähnten Schwägerin dessen Ehefrau gemeint ist, bleibt ungewiss (vgl. oben S. 101, Anm. 64).

87 Witzel ist seit 1524 mit Elisabeth Kraus aus Eisenach verheiratet.
88 Wohl Martin Luther.
89 Die sprichwörtliche Weisheit des Königs Salomon (ca. 970–ca. 931 v. Chr.) im Alten Testament: 1. Buch der Könige, 1–11 und 2. Buch der Chronik, 1–9.
90 Abeler sind Anhänger des Kardinals Albrecht von Brandenburg (1490–1545), seit 1514 auch Erzbischof von Mainz, damit Kurfürst und Reichserzkanzler, durch seine Förderung des Ablasshandels und als höchster geistlicher Würdenträger im Reich ein Hauptgegner Luthers.
91 Das Bad der Venus ist auf Wandmalereien der römischen Antike dargestellt, z. B. in den Thermen der Sieben Weisen im antiken Ostia, der Hafenstadt des alten Rom, dort im Frigidarium, dem Kaltbad.
92 In den Psalmen 68,5 (nach Zählung der Biblia Sacra Vulgata) heißt es: „Die mich ohne Ursache hassen, deren ist mehr, denn ich Haare auf dem Haupt habe...". Lateinisch: „Multiplicati sunt super capillos capitis mei, qui oderunt me gratis ...".
93 Hier ist wohl Philipp Melanchthon (1497–1560) gemeint.
94 Phidias und Lysippos waren bekannte griechische Bildhauer des 5.– und 3. Jahrhunderts vor Christi.
95 Huldrych Zwingli (vgl. oben Anm. 56).
96 Melchior Rinck (vgl. oben Anm. 62).
97 Philipp Melanchthon. Cyprian und Laktanz sind lateinische Kirchenväter des 3./ 4. Jahrhunderts aus der römischen Provinz Africa.
98 Ein Universalgelehrter.
99 Pandora ist die von Hephaistos aus Lehm geschaffene Frau, die durch Öffnung ihrer von Zeus anvertrauten Büchse das Unheil über die Menschheit bringt, nur die Hoffnung bleibt in der Büchse zurück.
100 Nach dem Tanach, dem jüdischen Alten Testament, der Wohnsitz JHWHs, des Gottes der Israeliten.
101 Witzel 1537, CERA-Edition: Liber III Fol. Qa1a; Henze 1995, S. 295.
102 Fabricius heiratet 1530 Anna von Farnrode, die letzte Nonne aus dem Eisenacher Katharinenkloster (Rein 1859, S. 262; Ditzel Studenten, S. 37/38.
103 Ovid, Heroides, 14,131.
104 Witzel 1537, CERA-Edition: Liber IV Fol. l1a; Henze 1995, S. 297.
105 Der Skorpion und das mythologische Tier Basilisk gelten als Unglücksbringer. Siehe zum Skorpion in der Offenbarung des Johannes 9,3; 9,5; 9,10 (Biblia Sacra Vulgata). Zum Basilisk siehe die mittelalterlichen und neuzeitlichen allegorischen Darstellungen für Tod, Teufel, Sünde und Antichrist.

3. Literatur und gedruckte Quellen

Benzing, Josef: Hermann Trebelius, Dichter und Drucker zu Wittenberg und Eisenach (Der Bibliophile, Beilage zur Fachzeitschrift: Das Antiquariat IV, 10. Juli 1953, Nr. 7).

Bernstein, Eckhard: Mutianus Rufus und sein humanistischer Freundeskreis in Gotha (Quellen und Forschungen zu Thüringen im Zeitalter der Reformation, Band 2), Köln Weimar Wien 2014.

Biblia Sacra Vulgata. Herausgegeben von Robert Weber u. Roger Gryson, Editio quinta, Deutsche Bibelgesellschaft, Stuttgart 2007.

Burmeister, Karl Heinz: Magister Rheticus und seine Schulgesellen, in: Forschungen zur Geschichte Vorarlbergs – hrsg. vom Landesarchiv Vorarlberg Band 11 (N.F), Konstanz und München 2015.

C. Iulii Caesaris Commentarii rerum gestarum Bd.1: *Bellum Gallicum*. Hrsg. von Wolfgang Hering, Leipzig 1987.

Ditzel, Olaf: Georg Witzels Vorfahren in Vacha (Fuldaer Geschichtsblätter 74/1998).

Ders: FABRICIUS Phacchus (Vach), Balthasar, in: Biographisch-Bibliographisches Kirchenlexikon (BBKL) Bd. 25.

Goller, Hans: Bürgerbuch der Stadt Vacha (Manuskript im Archiv des Heimat- u. Geschichtsvereins Vacha e.V.), Vacha 1970.

Ders: Rechnungen der Stadt Vacha (Manuskript im Archiv des Heimat- und Geschichtsvereins Vacha e.V.), Vacha 1965.

Gutjahr, Mirko: Johan Oldecop – Ein problematischer Augenzeuge der Reformation, in: Initia Reformationis – Wittenberg und die frühe Reformation. Hrsg. von Irene Dingel, Armin Kohnle, Stefan Rhein und Ernst-Joachim Waschke, Leipzig 2017.

Hennen, Insa Christina: Der Umbau des Closters zum Augusteum. Repräsentation und Gedenken unter den Kurfürsten Johann Friedrich und August, in: Wittenberg-Forschungen Band 4. Das ernestinische Wittenberg: Die Leucorea und ihre Räume. Hrsg. von Heiner Lück, Enno Bünz, Leonhard Helten, Armin Kohnle, Dorothée Sack und Hans-Georg Stephan, Petersberg 2017.

Henze, Barbara: Aus Liebe zur Kirche Reform. Die Bemühungen Georg Witzels (1501–1573) um die Kircheneinheit (Reformationsgeschichtliche Studien u. Texte 133), Münster 1995.

Jürgens, Karl: Luther's Leben – Luther von seiner Geburt bis zum Ablaßstreite 1483–1517, Dritter Band, Leipzig 1847.

Kathe, Heinz: Die Wittenberger philosophische Fakultät 1502–1817, in: Mitteldeutsche Forschungen 117, Köln Weimar Wien 2002.

Krause, Carl: Der Briefwechsel des Mutianus Rufus, Kassel 1885.

Ludwig, Ulrike: „Zu christlicher Zucht der jungen Studenten" – Die Kollegien der Universität Wittenberg und der Beginn der Reformation, in: Initia Reformationis – Wittenberg und die frühe Reformation. Hrsg. von Irene Dingel, Armin Kohnle, Stefan Rhein und Ernst-Joachim Waschke, Leipzig 2017.

Ludwig, Ulrike: Die Bursen als studentische Wohnhäuser, in: Wittenberg-Forschungen Band 4. Das ernestinische Wittenberg: Die Leucorea und ihre Räume. Hrsg. von Heiner Lück, Enno Bünz, Leonhard Helten, Armin Kohnle, Dorothée Sack und Hans-Georg Stephan, Petersberg 2017.

Lück, Heiner: Die Leucorea im Jahr 1517, in: Initia Reformationis – Wittenberg

und die frühe Reformation. Hrsg. von Irene Dingel, Armin Kohnle, Stefan Rhein und Ernst-Joachim Waschke, Leipzig 2017.

Luther, Martin: D. Martin Luthers Werke Kritische Gesamtausgabe (Schriften) Bd. 7, Weimar 1897 [WA].

Lutherbibel, Deutsche Bibelgesellschaft, Stuttgart 2016 (Ausgabe 2017).

Münch, Ernst Joseph Herman: Des teutschen Ritters Ulrich von Hutten sämtliche Werke, Erster Theil, Berlin 1821.

Oehmig, Stefan: Wittenberg am Beginn der Reformationszeit, in: Initia Reformationis – Wittenberg und die frühe Reformation. Hrsg. von Irene Dingel, Armin Kohnle, Stefan Rhein und Ernst-Joachim Waschke, Leipzig 2017.

Pausanias, Description of Greece with an English Translation by W.H.S. Jones, Litt.D., and H.A. Ormerod, M.A., in 4 Volumes. Cambridge, MA/London, 1918.

Perlbach, Max: Aus alten Büchern der Hallischen Universitäts-Bibliothek. Halle a. S. Max Niemeyer 1900.

Publius Ovidius Naso, *Epistulae Heroidum*. Hrsg. von Heinrich Dörrie, Berlin/Boston 1971 (Nachdruck 2012).

Publius Vergilius Maro, *Aeneis*. Hrsg. von Gian Biagio Conte, Berlin/New York 2009 (Nachdruck 2011).

Rein, Wilhelm: Das Catharinenkloster zu Eisenach und ein Prozeß vor der römischen Curie (Zeitschrift f. dtsch. Kulturgeschichte, hrsg. von Johannes Müller und Johannes Falke, Nürnberg 1859 Vierter Jg.).

Scheible, Heinz: Die Philosophische Fakultät der Universität Wittenberg von der Gründung bis zur Vertreibung der Philippisten (Archiv für Reformationsgeschichte 98 2007).

Treu, Martin: Balthasar Fabritius Phacchus – Wittenberger Humanist und Freund Ulrichs von Hutten (Archiv für Reformationsgeschichte 80, 1989).

Ders: Hutten, Melanchthon und der nationale Humanismus, in: Humanismus und Wittenberger Reformation, Festgabe anlässlich des 500. Geburtstages des Praeceptor Germaniae Philipp Melanchthon am 16. Februar 1997, hrsg. von Michael Beyer und Günther Wartenberg unter Mitwirkung von Hans-Peter Hasse, Leipzig 1996.

Witzel, Georg: EPISTOLARVM, QVAE INTER ALIQVOT // Centurias uidebantur partim profuturae // Theologicarum literarum studiosis, partim innocentis farnam aduersus Sycophantiam de // fensuare, LIBRI Quatuor, Leipzig 1537. – Zitiert nach der CERA-Edition: http://mateo.uni-mannheim.de//cera/autoren/witzel_cera.html.

Ortsregister

A

Allendorf (Bad Salzungen)
- Kloster 20, 21

Amöneburg 14

Augsburg 40, 43, 119

B

Basel (Universität) 59

Belzig (Bad) 42, 72, 119

Bergkirchen (bei Dachau) 15

Berka/Werra 17, 20, 45, 54

Berlin 43

Bologna
- Stadt 36, 73, 77, 78
- Universität 13, 39, 44

Breslau 55

Brückenau 7

Burschla (s. Großburschla)

Buttlar 16

C

Coburg 40, 47

Creuzburg 12, 14

D

Darmstadt 44

Deicheroda 15

Dermbach 21

Dietlas 27, 31, 34

Dresden 43

E

Eichstätt 39

Einsiedeln (Kloster, Schweiz) 30

Eisenach
- Katharinenkloster 38, 71, 121
- Stadt 19, 22, 23, 25, 29, 33, 38–40, 42, 48, 72, 74, 75, 103, 120

Eisleben 43, 113-115, 117

Erfurt
- Stadt 28, 69, 101, 114
- Universität 5–16, 19, 21-36, 38–47, 50, 51, 53, 57, 58, 59, 68, 71

F

Fach (bei Aalen) 15

Facha (Bergkirchen bei Dachau) 15

Frankfurt/Main 7, 32

Frankfurt/Oder (Universität) 41, 42, 59

Frauensee (Kloster) 20, 23, 24, 29

Freiburg (Universität) 13, 39, 59

Friedrichrode (wüst bei Vacha) 52

Frisenheim 26

Fritzlar 18, 48

Fulda
- Hochstift 6, 8, 10, 12, 33, 34
- - Stiftsschule 19
- Neuenberg (Kloster) 16, 21
- Stadt 7, 22, 23, 25, 26, 42, 43, 45, 50, 101, 120

G

Gedorne 21
Geisa 7, 12, 20, 21
Germersheim 21
Goch 51
Gotha 69, 73, 118
Grebenau 21
Greifswald (Universität) 59
Großburschla (Stift) 18

H

Halle/Saale 19, 25, 42, 48, 73
Hammelburg 7, 14, 39
Haselstein 13, 39, 40, 44
Hausen (wüst innerhalb Bad Salzungen) 38
Heidelberg (Universität) 9, 10, 16, 21, 23, 35, 59
Heringen/Werra 21
Hersfeld
- Stadt 13, 20, 46, 49
- Stadtkirche 23, 24, 32
Hünfeld 7, 12, 14, 43
Hüttenroda 15

I

Ingolstadt (Universität) 31, 35, 44, 59, 69

J

Jülich 86

K

Kaltensundheim 29, 31
Kappel (am Albis/Schweiz) 119
Kassel (Universität) 6
Kleinvach (bei Eschwege) 15, 47
Köln
- Stadt 70
- Universität 10, 25, 29, 59
Krakau (Universität) 59
Krayenburg 32, 47
Kreuzberg (Philippsthal) 45

L

Larau (wüst bei Vacha) 15
Leipzig
- Stadt 7, 9, 10, 36, 43, 55
- Universität 15, 26, 26, 35, 38, 39, 46, 47, 59, 69
Löwen/Leuven 70
Luttershof/bei Vacha 52

M

Mainz
- Bistum/Diözese 24, 34
- Stadt 12, 16, 24, 43, 70
- Universität 6, 11–13, 38, 42, 46, 47, 54, 59
Mansbach 51
Marburg 40, 42, 85, 118, 119
Mariengart (Kloster) 27, 40
Mellrichstadt 20
Merseburg 42, 72
Mosa 15, 56
Münnerstadt 16

N

Naumburg 73
Niederalba 20, 21, 49
Niederaula 13, 20
Niemegk 42, 72, 79, 87, 91, 92, 98, 119
Nürnberg 40

O

Oberaula 13, 20
Oberzella 32, 35
Oechsen 29, 30
Ostia 121

P

Padua (Universität) 39, 44
Pavia (Universität) 77
Pferdsdorf/Ulster 15, 21, 22, 40, 49
Philippsthal (s. Kreuzberg)
Prag (Universität) 6, 10, 11, 15, 20, 22, 59
Preßburg/Bratislava (Universität) 59

R

Ransbach 33
Räsa 15, 24, 50
Regensburg 43, 44, 103, 120
Rom 121
Rodenberg 57
Rotenburg/Fulda 24
Rothenburg/Tauber 16
Rostock (Universität) 27, 38, 46, 53, 57, 59

S

Salzungen (Bad) 12, 14, 24, 33, 35, 39, 45, 49
Santiago de Compostela 4, 30
Schlitz 26
Schmalkalden 19, 20, 26, 27, 35, 42, 48, 49
Schöntal (Kloster, Schweiz) 25
Schweinfurt 103, 120
Sontra 49
Speyer 43
Stolpen 43
Straßburg 19
Sünna 15, 23, 54, 72

T

Tann/Rhön 40
Thessaloniki 83
Treysa 49
Trier (Universität) 59
Tübingen (Universität) 33, 59

U

Unterbreizbach 15, 21, 49, 72

V

Vác/Waitzen (Ungarn) 49
Vach (Kleinvach) 15, 47
Vach (bei Fürth) 15
Vacha
- Annenkapelle 28
- Gasthaus Zum Engel 42, 71
- Gottesherberge 45
- Hospitalkapelle 17, 32
- Servitenkloster 8, 17, 25, 26, 30, 33, 40, 41, 57
- Stadt 4–36, 38–42, 44–57, 68, 69, 71–75, 92–96, 99, 101, 104, 107, 108, 113, 118–120
- Stadtkirche 8, 18, 19, 33, 35, 45, 49, 72,
-- Katharinenaltar 21, 34, 45
-- Kreuzaltar 28

- - Marienaltar 45
- - Pfarrei 24
- - Pfarrschule 9, 18, 19, 42
- - Vitusaltar 32, 35, 45
Vachdorf 15, 53
Völkershausen/bei Vacha 40, 42, 72

W

Wasungen 30
Weimar 40
Wenigenlupnitz 42, 72
Wertheim 16
Wien (Universität) 6, 10, 20, 24, 49, 59
Wittenberg
- Stadt 38, 42, 55, 68, 69, 70, 72, 75, 79, 81, 87, 89, 91-93, 101, 104, 107, 113, 115, 118, 119

- Universität 4, 5, 7, 8, 10, 13, 16, 19, 36, 38–41, 44, 46, 47, 55–59, 68, 69, 71, 73, 76, 77, 79
- - Bursa Fontis 72, 118
- - Bursa Sophia 55, 118
Worms
- Bistum/Diözese 12
- Stadt 17, 23, 40, 42, 43
Würzburg
- Kloster Neumünster 44
- Stadt 13, 15, 16, 40, 43
- Universität 10, 11, 15, 22, 59

Z

Zürich 119